园长的札记

游向红 著

学苑出版社

图书在版编目（CIP）数据

园长的札记 / 游向红著 . —北京：学苑出版社，2015.11（2017年5月重印）

ISBN 978-7-5077-4930-4

Ⅰ.①园… Ⅱ.①游… Ⅲ.①幼儿园—教育工作—文集 Ⅳ.① G617-53

中国版本图书馆 CIP 数据核字（2015）第 283809 号

责任编辑：任彦霞
特约编辑：李一凡
出版发行：学苑出版社
社　　址：北京市丰台区南方庄 2 号院 1 号楼
邮政编码：100079
网　　址：www.book001.com
电子邮箱：xueyuanpress@163.com
联系电话：010-67601101（销售部）、67603091（总编室）
经　　销：全国新华书店
印 刷 厂：北京京华虎彩印刷有限公司
开本尺寸：880mm×1230mm　1/32
印　　张：10
字　　数：215 千字
版　　次：2015 年 11 月北京第 1 版
印　　次：2017 年 5 月北京第 2 次印刷
定　　价：35.00 元

自 序
又见一树石榴红

　　幼儿园的院子里，长着几株繁茂多姿的石榴，春来凝翠、夏日火红、灿如烟霞、绚丽之极。每年的中秋前后，树上那一颗颗石榴绽开小嘴，里面如红玛瑙般的石榴籽儿呼之欲出，让人顿生无限遐想。在中国的传统文化中，石榴一直以其多籽——"多子"的寓意而深受国人的喜爱，"丹荑生秀、千子如一"的石榴承载着人们对家丁繁盛、子孙延续的美好愿望。又是一年中秋至、又见一树石榴红，不知为何，看着那满树红着脸、开口微笑的石榴，我眼前浮现出的却是一张张孩子们的笑脸。那一树树的石榴，像极了那些走出幼儿园，我们目送他们离开、走向另一片广阔天地的孩子们那一张张的笑脸。

1981年我参加工作，成为一名幼儿教师，34年的岁月中我见证着、祝福着无数老师、孩子们的成长！每年的9月10日，曾经的孩子和家长们会送来一束束鲜花，发来一串串祝福，他们的想念和问候是我教育生涯中最大的成就和收获。作为一名幼儿园老师，虽然没有光环，但我们是最美的天使；虽然没有荣耀，但我始终坚信我们是孩子成长之中、奠定他们人生起步的无冕之王。一路行来一路繁花似锦，看着园中小径旁一朵朵小花儿和着自己心中的生命节律竞相绽放，我的心中感到无比的温馨和幸福。

还是学生的时候我就喜欢阅读，工作后萦绕在身边的依然是那一缕书香。执教的三十余年，我总是与书为伴，因为从别人的书中常常可以照见自己，仿佛那些是自己的所思、所感、所行。我也时常感慨为什么别人的文笔会如此优美，表达得如此细腻，写我所之欲写，言我所之欲言。那些文章是如此美妙，激起我内心的共鸣，现下细细想来，那是因为书中每一段字里行间都蕴含着写作者的深情与挚爱。"情动于中而形于外"，唯其如此，才能打动人，才能感动人心！

闲暇的时候，我也喜欢随意地写下几行字、几页随笔，我想记录下生活和工作中的点点滴滴，想把那一时、那一刻真实的事情、真实的思想、真实的感动写下来，留给自己。当有一日停下脚步，闲观风景的时候能够静静地回望自己走过的脚步和心路，却从来也未曾想过要把它写成一本书。

一天，独自一人在家的午后，阳光透过窗棂照进来，细细地洒落在散发着淡淡幽香的茉莉花上。我静静地翻看着那些泛着微黄的笔记，犹如与一位老友谈心、叙旧，那种久违的似曾相识一步一步把我带回到曾经的风雨与岁月。

曾经的激情、曾经的感动、曾经的追问，我以为会如烟、会淡然、会逝去，但蓦然面对那个迎面走来的自己，心依然怦动、依然难忘。那一刻，我想把自己留下来，留下一个可感、可知，活生生的自我，用我个人的记录方式还原一个一路走来坦诚而真实的自己。

这本书里面有我情感的对白，有真心的流露和发自内心深处的那一声感叹，有我对自身的体悟和观照，也有对当前儿童教育的思考与追问，更有我多年来在幼教一线从事园长工作的心得与体会。

今年7月，我驱车去了房山的百草畔。我喜欢那里的山、喜欢那里的云，尤其爱极了那怡然自得、静静开放的各种不知名的小花儿。每一朵花，无论你看或不看，留意与否，它都在尽情地绽放。每一朵花，无论是艳丽清秀，抑或是如星星点点般柔嫩娇小，都各自有着独特的芳姿。每一朵花，无论是生在峰顶还是植于山谷道旁，都在为百草畔增添着一分多情和美丽。每一朵花都为自己的生命精彩而来，它们让我久久伫立、驻足凝望，无尽的时空中，仿佛我自己也化身为其中的小花一朵。

这正是我所欣赏和推崇的生命姿态。我希望每一个孩子、每一位老师都能按照自己内心的节律自由、灵动地展现属于他们自己的精彩人生，我也希望我们的教育和管理能够呵护、守望着每一个鲜活生命的成长与绽放！

游向红

2015 年 9 月

跋
守望一园花开

相由心生，我一直坚信这一点。所以，当我两岁的女儿第一次看到 50 多岁的游老师一袭白裙，笑吟吟地坐在幼儿园大厅的照片时，笃定地告诉我说："这是阿姨……"我想，一半是因为终身从事幼儿教育事业带给她的朝气和活力，另一半则是源自她内心始终保持着对新生事物很高的接受度和求知的好奇心。这些只存在于孩子和年轻人身上的品质始终伴随着她，因此游老师的面相始终不曾老去。十多年来，我在她身边成长，同时也看到她不断自我成长，心中时常感慨——她竟有比我们晚辈更加充沛的精力和与时俱进的能力。

有的时候，我觉得游老师无所不能。跟她一起谈论我的音乐专业,说到肖邦、说到贝多芬,说到柴可夫斯基,她竟也如数家珍、滔滔不绝,西方音乐史看来她是通读过了;说到对于美术的看法,对于艺术作品的表达,她也头头是道,给大家分析一幅大师的作品到底好在哪里,竟说得自己激动得不能自已;说到对于孩子的教育,她从国内说到国外,横向、纵向分析自己到过的每一个国家,见过的每一个孩子,记忆中的每一个案例……看着她眼中闪动的光芒,我就知道她是多么热爱自己的职业,她有多么享受自己职业的快乐;她不断学习信息技术时代的各种新鲜事物,手机、电脑、云盘、微信、支付宝用起来得心应手。当然,还有诗、有书……她的世界中,这一切都值得用心去学、去做,我看不到她的疲倦,也看不到退缩。她像一个太阳散发着能量,这些能量也给了我支撑,鼓舞着我前行,我仿佛踩着她的影子、一直追随她行走在幼儿教育的道路上。

游老师是一个很智慧的人。她对事物的看法带着中国经典文化的底蕴。《诗经》《中庸》《大学》《论语》《孟子》……这些与幼儿教育搭界或不搭界的东西,都能在她的解读之下,闪烁着教育的光辉。还记得有一次我因为组织活动不顺利而沮丧,工作中不知道如何面对游老师,所以在那几日里总对她躲躲闪闪。她找到我,对我说:"事情都有阴阳、好坏两个方面,做得好当然好,做得不好便知道以后怎么调整,放下现在的包袱,才能腾出手拥抱接下来的成功呀。"这是《易经》的智慧,也是游老师在用一种智慧的方法开解我的郁闷。这种主动"示好",

让我一个基层的小老师感受着来自亲人般的关怀，这种关怀是一种超脱了生活琐事的精神支持。也只有智慧的人，才能准确地击中别人心中的块垒，让彼此的想法产生共鸣，因此愿意交心地谈论得失、问题。总之，那一天，我记得我笑着走出那扇门，也走出了心里的阴影。

她愿意看到自己的学生和老师找到属于自己的精彩。她支持每一个孩子成就自己的梦想，她为每一个找到自己的人喝彩，哪怕只有一粒小小的雪花插片，她也愿意给予孩子一个大大的展示舞台；一块不起眼的橡皮泥，也能在她的鼓励下幻化成一片缤纷的海底世界，于是孩子们的生活和成长便有了属于自己的颜色。她和孩子们都相信，每一种颜色都有属于自己的美丽。

比起千篇一律的统一培训、统一特色、定向成长，二幼的老师们是辛苦而幸福的，辛苦在于自己要为自己选择的未来而努力，而幸福则在于我们能够选择什么是属于自己的幸福。无论如何，老师们都努力地寻找着最适合自己的角色和特点，于是，有了爱写歌的我和我的合唱团；会跳舞的马老师和我们每年都期盼的他们班级孩子的舞蹈展示；有了爱读书的孩子们，有了会写诗的中班小朋友，还有了艺术家气质的郑老师和他们班的绘画团队；还有了能亲手绘制绘本的小班家长和宝宝……二幼的修剪不是为了统一，而是为了帮助每一个老师、孩子甚至家长找到最好的自己。

与游老师相识是在2003年的春天，一个笑起来眼睛弯弯的、干练短发、穿着一身利落套装的女子。一晃就是十多年的时间，她就像一个拥有秘密花园的园丁，亲手在这片土地上种下各种花草，用一颗永远充满期盼的心和爱呵护、滋养、修剪着每一株植物的花径、花叶。她用自己最美好的情怀，守望着一园的花开，于是便有了二幼的百草园、常青藤、花开遍地，而每一朵花都是她曾经种下的风景。

北京市丰台二幼教师　许蓓

目 录
Contents

第一章 追寻至乐至美的教育

"至乐教育"让儿童依照自己的内在节律起舞 / 2

我对"至乐教育"的理解 / 3

任何学习的意义都是为了过上美好生活 / 5

教学生"学""生" / 7

儿童的发展在"过程"中实现
　　——读怀特海"过程哲学" / 10

让儿童在自然的生活中学习 / 12

透视儿童游戏的本质 / 15

让孩子在真实的游戏里体验真实的感受 / 17

从真实中构建儿童丰富的思维世界 / 20

真生活,儿童才有真发展(一) / 23

真生活,儿童才有真发展(二) / 25

关于教师课堂教学的一本正经 / 29
做儿童有智慧的玩伴
　　——关于小汽车的活动 / 32
幸福的仪式、爱的印记
　　——《魔法亲亲》让家长和孩子走出分离焦虑 / 34
花口罩戴起来 / 39
绘本是这样阅读的 / 41
失败也是教育的过程
　　——读绘本《和甘伯伯去游河》有感 / 46
老师，我可以当替补队员 / 48
跳蚤市场开在了超市里 / 50
关于勇敢的意义 / 52
为儿童的成长准备好材料 / 54
每个儿童都是大师 / 56
范路阳开了小课堂 / 58
儿童身上的能量让人惊叹 / 60
小孩子有不可思议的力量 / 62
微信平台带来了教育新活力 / 64
开在微信群里的儿童展台 / 66

第二章　陶然沉潜在音乐的海洋

聆听班得瑞的音乐 / 70
为什么儿童要欣赏经典音乐 / 72
选择经典音乐，拒绝音乐垃圾 / 75
一起沉浸在音乐的美好中 / 77

秩序

　　——以音乐的名义 / 79

音乐主题活动下的贝多芬及其音乐 / 81

在班级和家庭建立音乐厅 / 83

表演区：孩子们游戏的场所（一） / 86

表演区：孩子们游戏的场所（二） / 88

表演：培育孩子想象与创造 / 90

尊重、理解、接纳儿童的表达 / 92

小舞台，大精彩 / 94

迎着朝阳起舞 / 96

沉浸在美好与宁静中的午睡 / 98

乘着歌儿回家 / 99

国旗下的歌声 / 101

让儿童伴着经典音乐活动 / 103

让节日在音乐的欢歌中铭记、传承 / 105

伴着音乐我们陶然沉潜在春夏秋冬 / 107

音乐课堂之一：拨动孩子欢乐心弦的音乐 / 109

音乐课堂之二：音乐课堂的游戏性 / 112

音乐课堂之三：音乐教育课堂评价 / 114

音乐：儿童领悟绘本故事情感的催化剂 / 119

让每一位教师都在音乐的舞台上精彩绽放 / 121

如此情怀

　　——在一日经典音乐中陶冶教师的情怀 / 123

第三章 涵泳管理的思想与艺术

我们的文化思考 / 126

一阴一阳谓之道

　　——建立阴阳思维，让管理更自由 / 132

隐恶扬善

　　——中庸思想在幼儿园管理中的运用 / 135

合理的评价标准是惠及大多数人的标准 / 138

谨防过犹不及在人员管理中的危险 / 141

再谈过犹不及在幼儿园制定工作标准中的作用 / 144

让"和"的理念推动管理迸发新活力 / 147

"毋意、毋必、毋固、毋我"对干部管理的启示 / 150

一块砖和半块砖的功用 / 153

"黑中见白"的思维方式 / 155

让自由飞翔在二幼天空 / 157

构建和谐园所，让教师工作在天堂 / 160

基于"参赞化育"思想的教师自主发展 / 163

青年教师在跳蚤市场中的表现与几点反思 / 168

与青年教师的谈话有感 / 172

更爱自己，还是更爱孩子、爱老师、爱二幼 / 173

我督导，我收获 / 176

档案伴园所发展 / 179

"至乐教育"理念下的"家长四乐" / 183

用微信沟通家园，共同促进孩子成长 / 188

文化艺术之于我的园所管理 / 194

构建自由、美好的园所文化 / 199

借力干部岗位竞聘，推进园所文化发展 / 202
营造有意蕴的园所文化环境 / 206

第四章　且行且思的教育与人生

北大：一个遥远的梦
　　——北大札记之一 / 210
数字的魅力：科学的思维方式带给我的启示与思考
　　——北大札记之二 / 212
"一日看尽长安花"：诗词里的赤子之心与爱国情怀
　　——北大札记之三 / 214
在喧嚣匆忙的生活中安顿心灵：中国古典名画赏析
　　——北大札记之四 / 218
科学的目的原来是为了实现人格的美好
　　——北大札记之五 / 220
关于"范式"的思考
　　——北大札记之六 / 222
领导力与园所发展
　　——北京大学30天学习心得 / 226
读《国人为什么缺少特立独行的人生态度》所想 / 234
感受台湾，感受教育
　　——台湾教育考察报告 / 237
《支部生活》伴我成长 / 243
"万花筒"的原理 / 246
大雾中的"大悟" / 248
关于"框外"的思考
　　——由一则微信引发的思考 / 250

谁该为孩子的人生思考
　　——能走多远 / 256
给女儿的信
　　——写在中考之前 / 258
当好一只垃圾桶，并修炼自己把垃圾转化为能量的智慧 / 260
2013年，一个真实的游向红 / 262
2014年，亚洲足球中国小组第一 / 265

 第五章　在回顾与展望中超越梦想

2007，园长说给家长的话 / 268
2008，教师节上的讲话 / 271
2009，与祖国同行
　　——庆二幼建园20周年庆典讲话 / 274
2010，用爱和教育实现一切梦想
　　——新年贺词 / 277
2010，让二幼因你而不同，让学前因二幼而不同 / 279
　　——争创示范园启动大会 / 279
2010，心手相连玉树，爱心传递希望 / 281
2013，我有一个梦想，一个关于二幼的梦想 / 283
2014，回顾二幼历史，弘扬二幼精神 / 288
2015，扬帆起航，超越梦想 / 292
　　——办园实践研讨会启动会讲稿 / 292

 后记　我愿如初雪 / 302

第一章
追寻至乐至美的教育

一个真正的教育家始终心怀对幸福人生的追寻与求索,也始终不舍对理想教育的思考与实践。"至乐教育"是我所推崇和追求的教育理想:尊重并相信儿童,让儿童依照自己的内在节律起舞,儿童也能给我们带来更多惊喜!

"至乐教育"让儿童依照自己的内在节律起舞

  "知之者不如好之者，好之者不如乐之者。""至乐"是孔子教学的核心，是人生命的臻境。我园提出的"至乐教育"源于对于中国儒家教育思想的继承与发展，具有深厚的文化内涵和底蕴。"至乐教育"的核心价值是"为积极的人生奠基"，让每一个人发现自身的能量，推动人的全面发展，追求、创造并享受精彩的人生！

  "至乐教育"的目标是"创造即享受"。教育要"顺木之天，以致其性"，"让儿童按照自己内在的节律起舞"。"至乐教育"积极探寻"学"与"生"的秘密，努力发现每个孩子自己成长的"道路"，准确把握儿童自发成长的时机。基于以上三条路径，我们提出了"培养健康、快乐、主动发展的幸福儿童"这一育人目标。"健康"是指关注幼儿身体的健康，同时更加强调精神的富足；"快乐"是指让孩子在主动的探索与发现中构建自己的经验，创造自己的世界，在自主、自在的创造中享受快乐；"主动"是指自主、自动、自成，积极参加各种体力劳动和脑力劳动。

  "至乐教育"不仅让儿童享受和创造着美好的童年时光，而且为孩子的将来做好准备，从而关注幼儿生命的全过程，使他们实现可持续发展。

我对"至乐教育"的理解

从"乐"文化,到"至乐"教育,一字之差,我觉得有很大的差别。这差别源自于自己对教育的进一步理解,对人一生发展深层次的感悟。

第一,至乐是一种内在需求。

至乐是追求每个人的兴趣和内在节律。人须寻得所爱,当我们中某一个人寻得自己喜欢干的事情的时候,于是便获得了精神上的独立,而精神之独立让一个人的潜能完全地释放、发挥出来,于是他成为了真正的自己。陈景润做自己喜欢做的事情,我们看其甚苦,但他乐在其中,享受其中。一位画家朋友,在珠海开办了一家很有发展的美术教育机构,有了车子、房子,但他最喜欢的事情其实还是画画,于是他放下一切来到北京画家村——上苑。沉寂了15年,经济上的拮据令他常常买不起颜料和画布,靠借钱维持生活,但他依然坚持自己的梦想与所爱。他说,当他拿起画笔的时候,他是自己精神世界的王,幸福"至"极,快乐"至"极。至乐是一种内在的需求,与勤奋、刻苦无关。因此,我们教育的一个重要的任务,是帮助儿童、教师找到自己所爱,找到自己积极的人生。

第二,至乐应该是一种情怀。

情怀就是以心灵的满足,而不是功利的得失作为自己行为标准的一种品质。情怀应该是诗和远方。人生有很多种乐趣，吃一顿美餐是乐，穿一件好看的衣服是乐，看一场好看的电影是乐，但这种乐是肤浅的、短暂的、不深刻的。而真正的至乐的境界一定是人精神上的追求与满足，是一种热爱，是我们怀着一种情怀去做事情，去工作，投入我们的全部情感，是自我价值的实现，这时的乐是高级的乐，是精神之乐，性情阔大且包容，它让更多的东西走进来，也让更美的东西走出去。相信每个人都是有情怀的，因此，作为管理者、教师要认可和激发每个员工、每个孩子内在拥有的那份对世界、对事物的美好期许，让每个人拥有真正的精彩人生。

第三，至乐是一种积极的人生态度。

至乐是一股向上的力量。当一个人拥有了一种乐的态度，他就会拥有不一样的自我和世界。积极的人生态度，决定着我们人生的高度，克服着我们前进中的任何困难与挫折。向上的力量带给我们的是追求过程中的创造与享受，这样的乐又成为我们不断追求至乐的动力与经验。"至乐"，是对过程的正视与尊重。"至"也有"到达"的意思，是一种过程；而"乐"是一种态度，当一个人以乐观的态度去对待一切过程的时候，他就会小心翼翼地处理过程中的每一个细节，让他向着更美好的方向发展。对于过程的尊重同样也会引导着事情向着最美好的方向发展，过程之精美足以使我们拥有一个美好的结果。

第四，至乐是让每个人回到自己。

我们大多时候都活在别人的眼睛里，活在别人的言语下。在别人眼光下、言语下生活令自己少了很多开心和快乐，那是一种压力，一种累。至乐是让每个人回到自己，做最好的自己，遵从自己的内心，倾听自己的心声，从而让自己快乐而满意。

任何学习的意义都是为了过上美好生活

今天听加拿大一个幼儿园园长的培训,他说:"一个活动有三点要素:明确达到的目标、满足儿童兴趣、让孩子在活动中探索。"这三点真的没有什么特殊的。

其中关于图形学习的例子让我感觉值得记录,首先他们会准备很多积木,先让孩子们玩积木,然后问:"有什么形状的积木?积木可以搭多高?"老师会把不同的图形夹在书中,儿童把图形放在对应的班级物品上。教师从而知道不同孩子的发展程度,再依据发展水平给予指导。活动案例很简单,但让我反思的一点是:学习图形是为学知识,还是为生活?我们的活动通常会拿出一个图形,问孩子这是什么图形?然后老师会发出要求,如跳到三角形,钻过正方形,喂小动物各种形状的饼干,我们的活动设计,仍然指向儿童对图形准确的认知,而不是形状对于生活的意义。先搭积木,然后让儿童说形状,这样孩子就会明白形状对于建筑的意义,而非对形状本身的知识的记忆。让孩子将书中的图形放到班中的物品上标示,从而开始明白图形对于生活的意义,我想这大概就是教知识与发展能力、发展智力的区别。其根本问题是学习知识的目的是什么?我们为什么而学?我想我们今天的任何学习,包括技能的掌握都是为了生活得更美好。

这让我想起四个关于水如何运用的例子。关于水的知识，是我们从幼儿园到初中课程中的一项教育内容。水是无色无味、流动的液体，水的分子式是 H_2O，由2个氢原子、1个氧原子构成。在老师讲解水的知识时，孩子们好像都记住了，但在实际中运用这些知识的能力却大不一样。尽人皆知的几则小故事是北宋宰相文彦博小时候的"树洞取球"，北宋政治家、史学家、思想家司马光小时候"砸缸救人"，三国时期的"曹冲称象"，这些故事把水的浮力、水的流动讲述得如此生动。国外也有一则关于水的小故事，爱迪生让助手阿普顿去测量一下灯泡的容积，由于灯泡的形状不规则，阿普顿的稿纸用了一沓，计算了半天也没有得出结果，爱迪生见了之后笑了笑，他把水倒进灯泡里，然后把灯泡中的水倒入量杯里，就得出了灯泡的容积。对水的认识属于知识，而对水的运用能力则是智力。这几个小故事都是运用水的原理解决生活中的问题，却是如此有趣、如此美妙！

将这一理念移植到幼儿园学习之中的时候，我们发现，很多时候我们的教育跳出了幼儿的生活，没有给孩子们一个真正的世界、真正的生活。于是，在科学活动"浮沉"中，教师把操作实验的工作交给了孩子们，让他们亲自去发现哪些物品能够漂浮在水面上，哪些物体会沉到水底。之后，教师和孩子们一起讨论应该如何应用生活中与"水"相关的物品，让孩子们将游戏和生活联系在一起，久而久之，他们就成了热爱生活的人。

教学生"学""生"

今天下午受一凡邀请,到学前教育杂志社参加他们的读书会活动。主讲人是王老师,读书的内容为《论语》。王老师从孔子一生所做的三件事——自学和教学、参政、著述讲起,讲得明彻、通透。让我感触最深的是他对孔子"教学"的诠释。孔子的教学做到了教学生"学""生","学"是为了"生"。好学生者好"学""生"也。

对此,我深有同感。作为一名教师,要懂得如何才能让儿童"学"与"生",而不是把儿童的大脑当成容器。儿童学习的根本、落脚点就是为了生、为了创、为了长、为了事物的更新。

我们每个人来到这个世界,就是来学"创生"的。在一个人的一生中,有的人在这个世界里生发,有的人消减,有的重于泰山,有的轻如鸿毛,有人安于修身立命,有人则勇于经世致用。我想,也许我不会重于泰山,但我绝不甘于轻如鸿毛。在自己做园长的 20 多年里,我一直用自己的努力,为更多的儿童营造着快乐而有意义的童年,让他们的童年快乐,让未来幸福。

王老师说,"生命"是一门大艺术,教育者是从事生命的大艺术家。我们经常会说"这个人是块材料",而老师是教会学生去寻找生命"材料"的人，老师是教会学生去寻找生命"技艺"的人。当一个孩子学会去丰富自己的材料，构建自己的分子结构，成为特殊的材料时，当他通过自己的技艺，把自己锻造成一块好钢、好作品时，这个孩子就成功了！因为他成为了他自己，独特的自己，这应该就是合格的教育吧！

　　文娟老师的班里有这样一个实例：幼儿园的东侧，有地铁14号线在施工，孩子们对地铁充满了期待和兴趣，班级里引发了关于地铁的大讨论。于是文娟老师顺势而为，开展了关于地铁的一系列活动。孩子们从身边开始，提出各种各样的问题：北京的地铁有几条线？地铁都可以通到哪里？地铁给我们的生活带来了什么？孩子们关注着：建筑区搭建了地铁站和地铁轨道；地铁站树起了站牌；地铁售票处出现了；终于，地铁14号线开通了！老师与家长一起带着孩子们乘坐地铁去园博园，大家一起规划线路，讨论集体乘坐地铁的注意事项。其中有一个孩子，对地铁产生了近乎痴迷的兴趣与热爱，每天奶奶把他接走后，他都要奶奶带他去乘坐地铁，每个周六日也去乘坐地铁，把北京的地铁坐了一个遍，对北京的地铁了如指掌，老师们想要到哪里去，问他就可以，他会给你一个最快捷、最准确的方案。针对这样一个孩子，老师们给他支持，为他搭建平台，在园所里为他开设了一个地铁乘坐义务咨询站，老师们、孩子们、家长们如有搞不清楚的地铁路线，都可以向他咨询，并让他为园所其他中班、大班的儿童讲解北京地铁的故事和知识。孩子的才能、孩子的兴趣、孩子的个性在这样的教育中得到成长，孩子在真正的"学"与"生"，他的生命之花在这样的教育中舒展地绽放着。

我想，也许这个孩子今后可能会成为一个地铁方面的专家吧。也许他不会，也许他的志向会改变。但是，童年这样的一段学习经历、成长经历，会对他的一生影响深远，这就是我们教育的目的！

第一章 追寻至乐至美的教育

儿童的发展在"过程"中实现

——读怀特海"过程哲学"

读了别人对怀特海"过程哲学"的认识,我感觉对我是深有启发的。在怀特海看来,过程是根本的,成为现实的就是成为过程的。过程继承的是过去,立足的是现在,面向的是未来。儿童是自己的过去,也是自己的未来,而在当下,儿童就是自己的存在。怀特海认为,过去的知识之所以有价值,就在于他武装我们的头脑,使我们面对现在,再没有比忽视"现在"所给年轻人带来的危害更严重了,因为现在包含一切,又孕育未来。

以自己从教多年的经历,我深深地理解这些观点的价值,成长就发生在当下,就发生在眼前,没有现在就不会有未来,过程就是实在。有这样一件事情:12月31日,全园开展迎新年游艺活动,孩子们打破班级界限玩各种游艺项目,有易拉罐叠高,投沙包喂小动物,钓鱼、电子游戏打泡泡,等等。我来到一个班,看到一个小班的小女孩在全神贯注地进行易拉罐叠高的活动,小班的标准是叠到三个,但易拉罐却一次又一次地在叠到第三个的时候倒下。我心里替女孩着急,旁边的爸爸也在为女儿出主意,但小女儿的脸上表现出坚毅,一次又一次地尝试,并调整着自己的方法,在第九次的时候终于成功了,孩子的脸上绽放出笑容。一个中班男孩在玩投沙包喂小动物,五个沙包没有投中一个,没有拿到奖券,这孩子重新又去排队。在第二轮的投掷中,一个沙包投中了,男孩子的脸上亦如那个小女孩一样绽放出喜悦的笑容。在整个过程中,无论小班的女孩与中班的男孩,没有一个表现出因为困难和挫折而退缩与畏惧,他们不懈地坚持,调整自己的动作,变换方法去解决问题,没有一个轻言放弃,直到胜利。

  我在想,即便就是这样一次简单的游戏经历,也会给孩子的成长带来极有价值的感受与发展。孩子们在游戏中学到坚持,懂得在做一件事情时一定会有挫折、有困难,也能领悟到不管是做什么事情,一定有机会可以成功,解决问题也会有方法、有策略,即便没有策略、没有方法也有成功的机会和希望存在,孩子们正是在游戏的过程中实现了发展。这样的经历对孩子们在以后面对困难的时候该是多么珍贵的经验呀!

让儿童在自然的生活中学习

今天观摩的一节3岁孩子简单的厨房活动,给了我诸多启示,让我感受颇深。活动的具体名字不得而知,暂且称之为"给大熊、小熊钉扣子"吧。

老师准备了大、小两种,颜色一致为棕色,形象为熊的饼干,随机地拿出来让孩子们说大小,然后拿出一包糖醇粉,取出两小勺放在盘子中,用少许清水搅拌,成为糊状,随后老师又取出一颗彩色的圆形巧克力豆,用糖稀做黏合剂,粘在小熊的衣服上成为扣子。

接下来孩子们开始操作,学习和糖稀、学习用糖稀粘贴彩色巧克力豆,小熊粘一颗,大熊粘三颗,每人粘了三块饼干,活动就此结束。

这节活动,算是手工课?数学课?生活课?真无法用我们传统学科的概念来准确表述,它给我最大的感受就是好玩,贴近儿童生活,贴近儿童学习游戏的方式,孩子们像在家与妈妈一起做手工、做点心、做游戏一样。老师没有过多的提问,只在制作中讲述着做法,强调一些关键的要求,孩子们没有被叫举手的担心,没有被提问的压力,开开心心地完成了生活游戏。

在游戏中,孩子们全身心感受到的是生活的乐趣和劳动的情趣。这样看似简单的活动,无形中给了孩子们这样一个信息:生活中都是好玩的事情,只要你用心地感受;劳动其实充满乐趣。我想,这些孩子在长大成年之后必定也对生活充满热情,并能从工作中找到乐趣。这些生活游戏,给他们的人生和个性成长奠定了一个积极向上的基础。

如果用我们传统的评课标准来评判,那么这真不是一节好课,没有教师精彩的环节设计,没有层层递进的提问,更没有孩子出彩的回答,但在我眼里,这是真正的好课,一切教育都应该是无形的,教育应回归到生活化、自然的状态中。试想一下,我们在家庭中的学习是不是人生中最重要的学习?哪一个家庭的孩子是在父母不停地提问、不停地回答中学会了生活?我们走向工作岗位,我们的学习方式是在传、帮、带中,在亲身的实践中习得的,没有哪个师父,是在设计的无数个提问里把徒弟带成高徒。

对于这一问题,苏霍姆林斯基有这样一段话:"有的教师认为,能在课堂上造成一种使儿童'经常处于智力紧张状态的气氛',就是自己的成功。初看起来,他们采用的那些方法能够造成一种积极的脑力劳动的假象,儿童集中听着老师的每一句话,教室里笼罩着一片紧张的寂静。但是,这一切付出了多么大的代价,其结果只能是使儿童精疲力竭,使神经易于激动,使整个神经系统过于疲劳。所谓'在课堂上不浪费一分钟'、没有一时一刻不在进行积极的脑力劳动——可能在教育人这件精雕细刻工作中,再没有比这种做法更为有害的了,教师抱定这样的宗旨,那就简直意味着要把儿童的精力全部榨出来。"

并不是说我们不该问问题,不该启发孩子思考,而是我们教师不能为了一个接一个的问题而去设计活动。我们总觉得我们提出问题，孩子才会去思考。儿童回答了，才表明他学会了。其实不然，当一个孩子在学习中能提出自己的问题时，我觉得这时的孩子才是真正的学习者，因为他在思考，他的提问意味着他对这件事情有自己的想法，有自己的疑虑，有对事情内在本质或规律、原理的探究。教师要用思考、情感、创造、游戏的光芒照亮儿童的学习，让学习成为一件有趣的、引人入胜的事情。

园长的札记

透视儿童游戏的本质

今天论坛的主讲人是日本静冈大学的金田利子,主讲的题目是《透视儿童游戏的本质》。金田利子小姐首先提了四个问题请大家选择:1.游戏就是生活? 2.游戏是培养儿童的运动能力、认知、社会性? 3.游戏就是游戏本身? 4.游戏可以让儿童情绪得到宣泄?听众选择1和2的很多,选择3的较少,没有人选择4。然而金田利子的观点却是:游戏不等于生活,因为游戏中有虚化,游戏等于生活是我们把生活狭隘化了。而把游戏作为工具、道具,就会让游戏本身的游戏性受到影响。因为游戏有趣,所以游戏就是游戏本身,这是他们一直倡导并且坚持的主张。游戏可以让儿童的情绪得到宣泄,并且游戏是儿童建立人际关系的重要方式。

维果茨基说:"游戏不是为了达成目的的手段。"我非常同意金田利子和维果茨基的观点,也常常渴望在孩子的生活中不要带任何目的的游戏,活动就是活动本身,游戏就是游戏本身。但我们的教育中,常常把游戏作为完成教育目标的工具。老师在组织孩子们做游戏,游戏结束时孩子们却问:"老师,咱们什么时候游戏呀?"我们精心设计着每一个游戏环节,但背后想的却是让孩子完成教师既定的目标,带着这样的目的,我们的游戏不再好玩。

　　我记得小的时候,我们的游戏全部是自发的,自主的,我们从黄土中找到胶泥,然后开始脱坯,制作坦克、捏房子、手枪等,我们跟从大哥哥、大姐姐学。我们过家家,自己设计家的样子,自己找玩具,一只盛满沙子的碗,扣过来就成为了热腾腾的馒头,一切都是随着自己心意扮作大人的样子。我们的游戏从来都没有大人的参与,我们自由自在地在游戏中学习服从,学习交往,学习自己解决问题,学习创造生活,但那时我从来都没觉得是在学习什么,那是纯游戏,是我乐此不疲的游戏,我以为每一个孩子的童年都该是这样玩,童年就该是快乐的。童年是我们的记忆里最自由、最美好、最有趣的一段时光。游戏最重要的力量是自我发现、自我决策、瞬间选择的能力,游戏是儿童一种真实的生活。

让孩子在真实的游戏里体验真实的感受

今天参加"中韩儿童美术教育研讨会",又听到同样的观点"孩子的游戏就是游戏本身"。主讲人讲述道,在美国的硅谷幼儿园里,都是硅谷电脑专家的孩子,但在幼儿园中你看不到电脑的应用与电子设施。孩子们就在这样的环境中自由地游戏、成长,大自然是他们最好的游戏场与游戏材料。

反观我们的孩子,生活在E时代,孩子们手中、班里都是电脑,孩子们在做着人、机的交流,孩子们操作着不同的按钮、按键,看着荧光屏中各种虚幻的场景与画面。孩子们提早地丢弃了与自然接近的童年,提早地丢弃了同伴间的互动与交流,提早地丢弃了很多温暖、感动一生的一瞬间。

游戏应当在真实的世界中开始,游戏应当在真实的情境中发生,孩子在真实的事件里获得真实的体验和感受,从而增长真实的能力与智慧,这比什么都重要。这是一个大班儿童在超市活动区发生的真实故事。

情节一

4名小朋友(2名男孩,2名女孩)正在商量做游戏。其中一个男孩维维说:"我想当收银员,我想赚钱。"男孩木木说:"我也想当收银员。女孩雨点说:"我没当过,我也想当收银员。"女孩萌萌说:"我是管理人员。"大家意见不统一,但是每个孩子都有自己的理由,4名孩子第一次商量没有结果。于是,他们在区域里走了一会儿,发现没法玩游戏,回来继续商量。

多么有趣的对话和情节。整个过程就像孩子们在开一个自我推荐会,他们将自己的核心竞争力——摆出,就为了争取这样一个游戏的机会。讨论还在继续,老师静观其变。

情节二

维维说:"我昨天就是收银员。"木木说:"我还是想当收银员,左老师说让我今天当的。"雨点说:"我没当过,我也想当。"女孩萌萌说:"我管理得好,左老师说我管理得好。"大家七嘴八舌地说着。这一次依然没有结果,4个孩子彼此都不愿让步,就这样四散地站在那儿,看看这里、看看那里,因为没有各自的角色,没办法开展游戏,于是又聚在玩具柜旁边继续商量。

孩子们为了能够当上自己心仪的角色竟然搬出老师,本想利用老师的权威达成自己的目的,谁知却没有效果。在这个过程中,老师已经偷偷地发现并记录下他们的一言一行,头脑风暴和孩子们之间有趣的斗智斗勇仍在继续。

情节三

木木说:"维维你昨天就是收银员,今天你当顾客吧。"维维摇摇头,女孩萌萌说:"要不咱们手心手背吧?"除维维之外,3名孩子都同意,于是他们进行手心手背的游戏,选出收银员，维维在一旁看着。木木对维维说："维维你快点吧，要不游戏时间该到了，什么都玩不成了。"维维看了一眼大家，开始了自己当顾客的游戏。

随着游戏的继续，孩子们开始接纳别人的想法而选择各自让步。这里有大家共同制定的游戏规则，有在游戏后的小小情绪，也有在活动中闪现的小小智慧。

这就是真实游戏带给孩子们的真实感受与发展，在游戏中儿童懂得了个人服从集体的规则与要求。游戏中幼儿学习建立集体规则，明确集体规则面前大家就要服从。当问题出现时，大家之间协商解决办法的过程，即是孩子们学习的过程。通过解决问题，孩子们逐步学习与同伴相处的技巧与方法。

有意义的学习，一定是学习者主动建构的过程。游戏是最适合儿童天性的活动，是幼儿完全自主、自发、全身心投入的活动。游戏中，幼儿是积极主动"自我指导的学习者"。他们在没有外部压力，没有反馈或奖赏的、纯自足的情境中学习。要让幼儿以幼儿的方式学习与发展。

从真实中构建儿童丰富的思维世界

这是美国 HIGH SCOPE（高宽课程）的一次培训，主讲人朱迪，内容是儿童的主动学习。这次培训自然给我留下很多有价值的东西，但我最想记录的是关于苹果属性的一项活动。它让我耳目一新，给我很多需要静下来沉思的东西。

活动开始是这样的：首先以每张桌子为一个小组，每张桌子上都有一个真实的苹果，有红的、绿的、黄的。每张桌上放着一张白纸，需要大家记录下同组人对苹果属性特征的各自表述。

我们组的记录是苹果是圆的、光滑的、红色中有点绿，有把、有小坑、硬的、可以切开，有籽、有核、可以吃、可以用刀扎、可以切成片，切开有汁，可以在上面刻字、可以玩、可以滚，可以做美容、当艺术品，当球、当武器打人，当礼物、当道具、做成苹果派、拌沙拉、苹果羹等。别的组也都写下了很多不同的有关苹果的各种特性与功用，诸如可以榨成苹果汁、可以钻孔、可以做成一个小碗、可以雕刻成一盏灯笼等，五组各不相同。

我惊讶于苹果与我原来的认识是那样的不同，惊讶于原来苹果有如此之多的特性。苹果原来于我不过只是圆的、红红的、甜的、脆脆的、有营养这些概念而已，我对它的定义只不过是从单纯的外形特征和基本功用来看，我的思维一直停留在这个框内，我也从来没有想过对苹果的认识原来可以这样去看，可以从这些角度去看。从工具、玩具、道具、艺术品、美容品到各种食品，这还是我原来认识中的那个苹果吗？

真实的苹果谈论完毕，老师又发给每组一个塑料小苹果。老师说："请说出这个玩具苹果的特性，并将刚才所写的与真实苹果相同之处用笔画掉。"于是我们开始再一次表述：圆的、红色的、表皮光滑、上面有小坑，可以当武器……。我们看到假苹果的属性比真苹果少了很多，因为假的苹果我们只看到其外在的表面。而真苹果是丰富的、多样的、可变的……

接下来的环节更为有趣，朱迪老师又发给每组一张苹果的图片，继续着与前两次相同的表述。但这次写在纸上的词汇更少了，因为图片传达于我们的信息更少。

最后，老师拿出一个写有苹果的英文和中文词汇的卡片，让我们进入第四次表述，我们表示："我们只看到 APPLE 和苹果这两个单词。"

关于苹果属性表述的活动结束了，整个过程中，朱迪老师没有过多地讲述和引导，只是让我们自己去记录真实苹果、玩具苹果、图片苹果和文字苹果的各自表述，让我们自己去感受。

我们的心得主要有以下五点：

1. 从真实的活动中，我们获得的更多。从玩具苹果、图片苹果、文字苹果中我们的所知越来越少。

2. 只有给予孩子真实的东西时，孩子们才能与之建立起所有的联系，因为真实的才是丰富的。

3. 我们在引导孩子认识苹果或其他事物时，从具体到抽象，从真实的物体到抽象的单词都要让孩子懂得。因为儿童认识事物、儿童的思维水平是一个不断前进的过程。

4．不同的方式获得不同的体验，把这些体验凝聚在一起才能立体地感知苹果的概念。

5．新知识永远都是基于已有的经验。

这次活动给予我很多的思考和感悟。我想，我们必须将儿童的学习放在真实的生活之中，只有真实的生活才会给儿童以无尽的想象、创造，儿童才会有无限的潜力被激发出来。我们不能将儿童困在教室里、困在图片上、困在平板电脑中，那样的教育是毫无生命力的，是死的、是教条的。教育即生活，教育的目的只有一个，那就是五彩缤纷的生活。真实的生活、真实的物体、真实的情景，只有在真实中才能让孩子们构建起一个完整的思维世界。

真生活,儿童才有真发展(一)

甄娜老师负责的小班中,儿童不爱吃青菜。于是,老师让孩子们帮助食堂择菜、洗菜,午饭时孩子们看着自己择的菜,洗的菜,炒成菜肴,一种成就感、亲切感在心中蔓延。在老师的鼓励下,平时一口都不吃青菜的孩子慢慢能吃一小盘青菜了。这是教育活动吗?当然是,但又好像不是我们评课标准下的好课,但就是这样的活动,却实现了我们用多少节所谓的教育活动都不能达到的目标。

以往,我们会通过小白兔爱吃青菜,所以小白兔跑得快、长得高来教育儿童;我们讲小青菜旅行记,讲青菜到我们的身体后,变成营养让我们小朋友长得壮,来告诉孩子们吃青菜有多么好;我们讲小公鸡不爱吃青菜,所以生病了来引导儿童要懂得吃青菜的重要性,我们完成了小班教育的目标和课程内容。老师的课也上得精彩,因为活动设计是游戏化的、手段是信息化的、提问是层层递进的、环节是环环相扣的,但教育的结果是儿童在吃饭时仍然不吃青菜。于是,老师又耐心地一点一点地培养,鼓励"今天只吃一口",儿童勉强吃了一口,老师给一个大大的表扬。第二天,老师又鼓励"今天再吃一口",你真棒!又一个大大的贴画奖励。我们的教育活动,几乎没有起到任何作用。儿童没有一点主动的接受，完全是被动的适应。

分析原因，我们以往的教育是因为脱离了生活本身，择菜、洗菜、切菜、炒菜是我们生活的一个真实的过程，当一个儿童完全没有看到水灵灵的青菜有多可爱，没有感受到青菜的模样，没有建立与青菜的感情，他怎么可能去爱吃它？青菜于儿童是概念，是饭桌上一团难看的、细碎、不太好吃的东西，青菜有营养之于儿童更是看不见、抓不着的虚化，儿童根本就不可能去理解营养是什么。我们用成人的知识、视角去教育儿童，我们超越儿童成长的自然进度与成长的自然路线，用死知识去教儿童，怎么可能把儿童教活了呢？陶行知先生说"生活即教育"，教育不通过生活是没有用的，需要生活的教育，用生活来教育。

儿童择菜、洗菜的过程，是与青菜建立感情、感性认识的过程，是了解青菜、建立直观经验的过程，更是生活本身的过程，只有回归于生活本身，我们的教育才可能是真教育，儿童才可能获得真发展。

记得一次大班开展跳蚤市场活动，中二班首先组织儿童讨论如何才能把自己的东西卖到好价钱，孩子们说要会吆喝、要有好的卖点等等。于是孩子们开始设计自己所卖东西的卖点。但是，活动当天，一个孩子却忘记了带物品，无奈的孩子翻开自己的书包，只找到3块糖。于是，他开始叫卖"这是海南的糖果""这是坐过大飞机的糖果"，很快他以每块糖5元钱的价格卖了出去。糖果确实是孩子从海南旅游带回来的，坐飞机的经历、海南椰子树的风貌、椰子糖独特的味道，给儿童深刻的印象，引发出他对物品中关键的、独特的卖点想法。这就是真生活，真教育，真发展，它有任何精彩的课堂设计都无法达到的效果。

真生活，儿童才有真发展（二）

大班开展一个真实的《找家》的活动，即在班中挑选出自愿报名的6位儿童，让孩子们依照路线图自主找到小朋友的家去做客。活动发起后，孩子们兴致盎然，被选定的6位家长积极配合。

首先，家长与孩子们开始设计从幼儿园到家的路线图。孩子们在路线图的设计过程中，详细了解了沿途周边的主要建筑、商店、设施与道路。学习了路线图的设计与制作。《找家》的活动将全班儿童分为三组，每组要完成找到两个家的任务。路线图画好以后，老师让儿童自己讨论找家的方案，孩子们提出小组要有旗子作为小组标志，每组要选出一个组长，每个儿童胳膊上系一条丝带，一组一个颜色，便于区分和辨识。要准备鞋套，因为进入别人的家要讲卫生，讲礼貌，尊重别人。有小朋友提议："要准备送给被访小朋友的礼物，因为到人家拜访带个礼物，妈妈说是一件很温暖的事情。"路上的行走是最重要也是最危险的，孩子们讨论着路上安全的注意事项，一共有几个红绿灯、要穿过几条人行横道、从幼儿园出发要走大道旁边的人行道等。而被访的家长和孩子，则在家准备迎接小客人的到来。

活动的那一天,孩子们既兴奋又严肃,即高兴又紧张,三组朝着三个不同的方向出发了,每人一条漂亮的丝带,在阳光的照射下异常好看。小组长们带领大家,按照图纸路线的方向前进。每到一条路的转弯处,孩子们都要看图纸,大家一起判断该往哪个方向去,每到一处红绿灯,孩子们自觉地停下来,等到绿灯且安全后组长才开始率领大家通过。一组儿童在进入小区后搞不清到底是哪栋楼,一个孩子主动说:"我去问坐在那里晒太阳的老爷爷去。""爷爷,我们要找海军大院3号楼,您知道是哪一栋吗?"当爷爷告知后,孩子们有礼貌地说:"谢谢爷爷!爷爷再见!"其中一组儿童找的家是1001号,孩子们乘坐电梯到了10层1号,按动门铃没有人开门,敲门也没人应答,孩子们开始分析讨论。一名儿童说,可能不是10层,也许是1层1号。于是,孩子们乘坐电梯回到一层,找到1号门,门被敲开,啊,是王博涵小朋友快乐而热切的笑脸,那一刻,孩子们开心极了,情不自禁的欢呼起来。等在家里的小朋友,准备了好吃的和自己最最喜爱的玩具与大家分享,并带领小朋友参观自己的房间。孩子们也拿出自己准备的礼物送给被访的小朋友。有一组的礼物是一封"特殊的表扬信",孩子们请老师代笔,写了张雅婷在幼儿园的出色表现,夸她插片插的大鳄鱼最有创意,在"大嘴巴故事节"讲的故事好有趣,在"小人来到巨人国"的绘画里,她画的鞋子孩子们都喜欢,在分组辩论会上她的发言总能为组里争光,等等。张雅婷被孩子们的表扬信温暖着、快乐着,妈妈也自豪着、幸福着。孩子们找到了第一家,还要马上去找第二家,刚才等候在家中的孩子,与小组的孩子们一起出发,开始第二次的找家之旅。

活动中，老师自始至终没有发表意见，老师的责任就是保护好孩子们的安全，其余事情全部交给孩子们，相信他们一定能够通过自己的努力做到。活动结束后，孩子们好长一段时间都沉浸在这次活动的兴奋中，他们诉说着感受，讲述着自己遇到问题的解决策略、办法，讲述着自己小组的经历。6位家长为孩子们制作了6本活动纪实，用照片、文字记录了活动的全过程、成长的全过程。

让儿童的学习变得有意义，让儿童从真实的生活中学习。北京教育学院季苹说："师生头脑中有四重世界：（1）每个人都有一个生活的世界；（2）在知识的学习中，直接面对知识的世界；（3）要理解这些知识需要进行思维，从而进入思维的世界；（4）还有一个意义的世界，意义的世界也就是经验的世界。"事实上，孩子的经历、知识和思维要转化为经验，成为生命的内容，需要一个条件，那就是意义。没有意义，具体知识就是一堆没有生气的符号材料，没有意义的思维运行是被动的、干枯的。从事没有意义、没有情感的思维活动的人，只是一部思维机器。

以往我们的教育大多关注在知识的世界里，课堂上我们用尽各种策略在解决一个序数的概念，画在纸上的楼房第一层、第二层，森林里的小动物赛跑小兔第一名、小马第二名，电影院小敏第一排、小明第二排等，我们自认为是为了儿童的发展，促进了儿童认知、思维、社会性等等，而忽视了儿童学习知识、进行思维的真正意义，是为了真实的生活，快乐的生活，是为了感受到生活充满趣味。

《找家》的活动，把儿童的知识世界、思维世界与儿童的生活世界、意义世界相联系，使儿童在感觉有意义、有价值的活动中，主动积极寻求解决问题的方法，发展自己的思维，丰富完善自己已有的生活经验，并在整个的活动中完成理解序数的概念、标志的概念、路线图的概念、合作的概念等知识的学习。

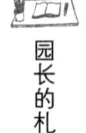
园长的札记

关于教师课堂教学的一本正经

读《重访三种文化中的幼儿园》一书，发现这样一个例子：点完名，森田老师开始带着孩子们唱歌，"小鱼跳出来，粘到了……你的裤衩上？只是开个玩笑哦！"孩子们于是轰然大笑。森田老师接着说："今天真的要做小裤衩吗？不是的，今天让我们折条小鱼吧。"于是，森田老师带着孩子折小鱼。折完小鱼，老师说："我们去钓鱼吧。"发给每个孩子一个曲别针，带孩子去玩钓鱼的游戏。读到这里，我仿佛看到森田老师那极富幽默感的笑脸，他和蔼而亲切，如同爸爸、妈妈般在家中带着孩子做游戏，自由而轻松。

从小到大，课堂上我们的老师都是一本正经的，所以我们现在仍然觉得一本正经才是教师应有的形象。虽然我们的教师和蔼可亲、笑容可掬、声音柔美，但我们感觉得出那一板一眼，那语言的严谨而正式，课堂上老师们觉得要说有用的话，说关键的话，说围绕本次活动对儿童发展目标有价值的话。于是，课堂上少了轻松、少了诙谐、少了有趣，更少了好玩，却多了几分紧张、几分束缚和拘谨。孩子们在课堂、在活动中少有开怀大笑，少有出格，一切都在老师的手中掌控着，这是一本正经地上课！

二幼曾经有一位英语外教老师，在他的课堂上，总是听到孩子们一阵阵欢乐的笑声，时而他躺在地上扮演狗熊，时而走在孩子们中间扮狼外婆。他一直是孩子们游戏中的一个伙伴，一个领头的大孩子，孩子们紧紧围绕在他身边，他如一块巨大的磁铁般吸引着孩子。他没把自己当作高高在上的教师，他的教学一直在看似游戏的不经意中。

今天，小班组搞了一个活动，亲子游戏大比拼，家长与老师共同创编了许多可以让孩子们在家玩的亲子游戏，目的在于推动亲子关系，推进家庭教育。在活动的展示中我们看到，家长没有那么多喋喋不休地讲解，孩子没有被提问的过程，所有的活动就是家长陪着孩子一起玩。一个床单游戏中，孩子躺在里面，妈妈拉起当小车；另外一个妈妈把孩子如卷饼似的卷起，孩子做着翻滚的动作，他觉得好好玩；在另一个床单里，孩子坐在上面，妈妈开始包包子，孩子坐在里面享受着那神秘而安全温暖的空间。还有一个游戏是恐龙大营救，妈妈和孩子各自站在一条画有 6 个格子的地面上，每一个格子里有一只恐龙，妈妈和孩子进行猜拳游戏，谁赢谁救出一只恐龙，依次向前，最后看谁救的多。游戏蕴含着猜拳的机智与判断，蕴含着孩子对于输赢的接受，蕴含着对数的概念的学习，更蕴含着浓浓的亲子情。这样的游戏还有很多。当今世界的学前教育者们，都在思考一个问题："孩子游戏的目的是什么？"游戏就是游戏本身，没有别的目的。我们为了目标，为了所谓的促进儿童发展，教师把每一个环节都指向目标，提问是为了目标，环节设计是为了目标，策略方法是为了目标。我们把自己搞得很累，也把孩子搞得好累，以至于老师觉得是在游戏中活动，而孩子却问：

"老师，咱们什么时候开始游戏呀？"

思虑万千后，我想，老师的一本正经应该有，但这一本正经应该是存于心中，是今天老师推进幼儿发展的总目标，而在这个目标的主干之上，应该萌生出很多有趣的枝丫、花叶，给予幼儿的才会是一片欢乐和美好。

第一章 追寻至乐至美的教育

做儿童有智慧的玩伴

——关于小汽车的活动

今天的培训中有一项活动——"玩小汽车",老师给每桌放下20—30辆玩具汽车,有红色、蓝色、黄色、白色,汽车中有小轿车、警车、救护车、工程车、公交车等。老师的要求很简单:一位学员充当孩子的角色玩汽车,另一位学员作为老师,作为老师的学员不允许以询问的方式与作为孩子的学员沟通。

陈老师开始玩了,我看着她滑动一辆小汽车,又滑动一辆小汽车,连续滑动5辆,然后把汽车排成一排。排好后,又取出两辆小汽车用左右两只手同时滑动。此时,我脑子里浮现的全是对这样一堆汽车的玩法:我会分类、我会数数、我会在马路上让汽车跑起来。但我搞不清楚陈洁究竟要用这些汽车干什么?看着陈老师饶有兴致地滑动小汽车,我真想张口问她:"你想干什么?""你在玩什么?"但游戏的要求是不允许我提出问题。我诧异着陈老师的动作,脑子里依然顽固地在想着各种小汽车的玩法。

陈老师在继续,又换了两辆汽车,使劲向前推,小汽车眼看着滑向前方……

正在这时,负责培训的老师说:"请你加入儿童的游戏,但不许提出问题。"我不知该如何加入。片刻之后我竟然脱口而出："你为什么这样玩呀？""你把两辆汽车并在一起干什么？"最终，我还是没有跳出要提问题的怪圈。

活动之后我问陈老师："你刚才在干什么？"她说："开始，我想试试汽车的性能如何？看看每辆车子的速度……"原来她在模拟一场汽车大赛，那并列一排的汽车在她心中都是一辆辆的参赛选手车，之后比赛开始，汽车两两进行比赛，看哪辆的速度快，慢车随即被淘汰。

这个活动，老师是想让我们体验作为儿童和作为教师的不同感受。我们老师常常不是试图去理解儿童的行为，接受儿童正在探索的行为，而总是在自己的脑海里先营建起一个自己的活动模式、活动情境，感觉儿童活动的方式与自己预想的不一致，就会去纠正孩子，让孩子的行为符合自己的期望。我们更多时候是以指导者自居，看到孩子在玩汽车就会说"你可以这样玩，可以那样玩"，把自己的意志强加给孩子，实际上是要把孩子变成自己想要的样子，而不是儿童自己本身的样子。我们剥夺着孩子们自主发展、创造性发展的机会。

另一个有趣的问题是，我们老师不会像儿童那样参与到同伴间的活动，我们自觉或不自觉地就会发问，会去干扰儿童正在进行的游戏，并误以为是对儿童游戏情节的推动。我们没有读懂孩子，没有对儿童真正的观察与解读，我们甚至不知道怎样才能成为儿童有智慧的玩伴。

幸福的仪式、爱的印记

——《魔法亲亲》让家长和孩子走出分离焦虑

吻是什么？吻是一种表达、一种承诺、一个祝福，也是一种仪式。对于孩子们来说，再也没有比妈妈的吻更让人感到甜蜜、幸福、安全的了——这是我听完班长会，小班老师们解决新入园幼儿分离焦虑后深深的体会。的确，小班新生入园，孩子们与妈妈、亲人的分离，对妈妈的想念，对陌生环境、独立面对一个世界的恐惧，对于孩子来讲是一次巨大的挑战。解决儿童的分离焦虑，是幼儿园教师每年都要面对的问题，而老师们的解决策略让我感觉到，这真是一群聪明有智慧的教师呀！

事情要追溯到新小班开学的前一周，"快来看，我找到一本好书！"小三班的王老师拿着刚刚邮寄到的绘本《魔法亲亲》，兴奋地向其他的小班老师介绍着。

绘本《魔法亲亲》的作者是美国人奥黛莉·潘恩，它的插图是由英国的茹丝·哈波和美国南西·理克两个人共同完成。故事讲的是小浣熊要去学校了，他心中充满恐惧。小浣熊的妈妈告诉他"学校有新玩具、新图书、新朋友"，并且告诉他一个秘密"the kissing hand"。妈妈在小浣熊的掌心印上一个吻，说："当你想我的时候，把手心的吻贴在脸上，妈妈一直和你在一起……"每当小浣熊在学校感到孤独的时候,他就把掌心轻轻按在脸颊上,妈妈的吻温暖着他的心,小浣熊就不再感到孤独和害怕了。有一天小浣熊去上学,在走进校门的那一刻,他在妈妈的掌心也印下了一个吻,好让妈妈在想他的时候,也可以感受到这魔法亲吻。多么温馨的一个故事啊,老师们读后泪水盈满眼眶。

小二班的冀老师说:"这本书太适合刚入园的孩子们了,可以帮助他们缓解分离焦虑。咱们把这本绘本推荐给家长们吧!"我想,老师们一定是从书中感受到了一个甜甜的吻带来的温暖和力量,她们想要将这样的感受也传递给家长和孩子,想要让每天的分离变得甜蜜、温馨,让早晨送孩子的时刻不再那么痛苦阴郁,而是充满阳光和温情。

享受浓浓亲情的亲子共读,感受爱的美好

老师们把绘本《魔法亲亲》拍下来用微信传给了妈妈们。新小班的妈妈读着这样的一个故事,心中暖暖的、感动着。"看完有一种想哭的感觉啊!""是感动和幸福的眼泪。"几位妈妈这样在班级微信中说道,还有的妈妈说:"看完了绘本《魔法亲亲》,突然好期待孩子去幼儿园,想着孩子们带着我们祝福的吻走进幼儿园,当妈妈的心里就觉得更温暖、踏实了。"的确,《魔法亲亲》不但给了孩子们面对新事物的力量,也给了同样有着分离焦虑的妈妈们一种信心。吻,作为离别前的仪式,代表着妈妈对孩子一日生活最美好的祝福,代表着妈妈浓浓的爱。同时,孩子留给妈妈的魔法亲亲,也让妈妈在一天工作的任何时候想起来都觉得有一股暖流从指尖涌入内心。老师们送给入园妈妈们的绘本《魔法亲亲》，也让妈妈们紧张而悬着的心平静了下来。

发去绘本的同时，小班的老师们对家长提出了一条要求，让妈妈们在睡前的讲故事时间与孩子们一同阅读这个绘本。孩子们听得认真、入迷，仿佛故事中的小浣熊成为了他们自己。面对着相同的境况，孩子们和小浣熊产生了共鸣。在看到小浣熊带着浣熊妈妈的吻快乐地走进森林学校的一刻，很多孩子都向妈妈伸出了小手说："妈妈，我也想要一个魔法亲亲。"这时，每一位妈妈会如小浣熊妈妈一样在孩子手心留下一个深深的吻，孩子也将自己的吻留在了妈妈的手心。带着这个热热的吻，带着故事中快乐、幸福的结局，孩子们进入了梦乡。

感受妈妈纯纯的爱，建立吻的仪式

清早，老师们照例在门口等待迎接每个新入园的小班孩子。远远的，那些小小的身影有的在妈妈身上依偎着，有的紧紧搂着妈妈的脖子，也有的牵着妈妈的手向幼儿园走过来了。到了门口，妈妈们都蹲了下来，孩子说："妈妈，你给我一个魔法亲亲，我就去上幼儿园了！"这时候，每个妈妈都会给孩子一个大大的、紧紧的拥抱，然后拉过孩子的小手认认真真地亲下去。随后，孩子们也将自己的魔法亲亲送到妈妈的手掌心，那一刻妈妈的泪珠挂在脸上。那些依恋不舍的孩子即使流着眼泪也在妈妈的手心里留下带着泪水的吻，妈妈的拥抱与印在孩子手心的吻，让爱浓浓地化不开。"亲吻离别"成为了一种仪式，就这样带着彼此的祝福，带着彼此的思念，孩子们小心翼翼地将妈妈的亲亲攥在手心，放进裤子的口袋中，在老师的陪伴下，独自走进幼儿园。

每当孩子想妈妈忍不住哭的时候,老师就会说:"拿出兜里面妈妈的吻,看看妈妈是不是一直都和你在一起?"幼小的孩子此时一定会"掏出"那个带着妈妈温度的、爱的吻放在脸上亲一亲,扬起还挂着泪珠的小脸告诉老师说:"妈妈就在这里。"然后再小心地把妈妈的吻藏在手心,放回兜里。在这样一个温暖的分别的仪式以及魔法亲亲的帮助下,孩子们早晨来幼儿园哭闹的少了,妈妈们的不舍也减轻了。

一天加餐前,小一班的明明在盥洗室里久久不愿意出来。老师走过去关切地问:"明明,你怎么了?"热心的小朋友凑过来说:"老师,明明不洗手!""不是!"明明立刻噘着嘴解释说,"我一洗手,妈妈的魔法亲亲就洗掉了……"说完,他一脸委屈地看着老师。孩子的顾虑体现了他们对生活的认知,也折射出他们单纯美好的内心世界。为了让孩子打消顾虑,许老师找来了仙女棒,在每个孩子的手心施展了一个"跑不掉魔法","这下,就算洗手、打香皂的时候'魔法亲亲'也会紧紧地贴在你的手心的!"老师认真地告诉大家,孩子们开心地看着被施了魔法的手掌心。"哇!原来老师也会魔法呀!"孩子们开心地笑了。老师们充分地理解着孩子,追随着孩子,走进了孩子的童心世界,获得了孩子的爱和信任。

带上爱的礼物,体验吻的魔力

老师们看到离别的仪式和魔法亲亲固然能够帮助孩子们减轻分离焦虑的痛苦,但是,小班的孩子们更喜欢实实在在的东西,他们希望能够看到、听到、感受到。为此,老师们将白天发生的事情，发到了班中的微信群中，引发了家长们的思考。"带张一寸照片吧？"有的家长说。"一寸照片放在孩子兜里怕折、怕揉，也不安全啊。"这一提议被其他家长质疑了。"那带一件妈妈的东西？有妈妈的味道。""带上妈妈的发卡？"……大家在微信群中七嘴八舌地出主意、想办法，却也被一一推翻。这时候老师说："大家还是想想，如何带一个有颜色、有味道，又不会被洗掉的吻吧！"听了老师的提议，依依的妈妈立刻发来一张照片，照片中雪白的纸巾上有一枚涂着红红亲吻的唇印。"哇！太棒了！"家长们立刻点赞、鼓掌。一个让孩子们随时都能看到的、有颜色、有味道，甚至有体温的"魔法亲亲"应运而生。

之后的日子里，小班妈妈们每天都会放一张新的印有红红的、有味道的唇印纸巾在孩子身上。每当孩子们想念妈妈的时候，他们就会掏出来看一看，贴在脸上亲一亲。这样，妈妈的爱一直伴随着孩子度过入园的每一天。每天，孩子们入园与妈妈分别的那一刻，也都会在妈妈的手心里印上一个小小的吻。吻，让清晨的入园如此美好！在老师的悉心关怀和魔法亲亲的伴随下，小班的孩子们很快地走出焦虑，喜欢上幼儿园了，小班的妈妈们也在爱的表达、传递中感受着教师的教育智慧与浓浓的教育情怀。

花口罩戴起来

北京的雾霾天气，让大家自觉地戴起了口罩，但雾霾给人们身体健康带来的危害，对于小班儿童太抽象、太遥远、太概念化。当家长让孩子戴口罩的时候，孩子们因呼吸不畅或者说话不便常常会拒绝。家长们向老师诉说着自己的困难，请求"专家"的帮助。

于是，"给妈妈做口罩"成为小班在妈妈节时进行的一个活动。老师读着妈妈们发来的微信留言给孩子们听，微信里妈妈们诉说着她们的愿望，最想要一个漂亮的花口罩，在雾霾的天气里戴上，让自己更加健康。

老师拿来了一次性口罩，依次发给了孩子们，让孩子们为妈妈制作最漂亮的口罩。孩子们把心中最美丽的花粘贴在口罩上，把小草、小鱼画在口罩上。

晚离园的时刻，妈妈们来到班中，孩子们拿出自己制作的花口罩，亲自给妈妈戴上。戴上花口罩的妈妈们站成一排，好好看，五颜六色的花儿开放在她们的脸上。妈妈们笑了，孩子们笑了。第二天，带着口罩来园的孩子多了。

小孩子对于知识、事物的理解，一定是建立在感情基础上的，建立在生活经验上的，一定是要有意义的。雾霾对于儿童来说就是一堆没有任何意义，没有生气的概念、知识，雾霾带给儿童身体的伤害对于他们来讲是一堆空洞的符号，所以"戴口罩为了健康"对于儿童没有任何意义。但妈妈是鲜活的、生动的、真实的、与儿童有很深感情的人，是儿童生命中最重要的人，当妈妈想要口罩，又经由亲自为妈妈制作并戴上的时候，口罩有了特别的意义，因为那里有真实的生活和孩子们真实的情感，口罩有了孩子能理解的、真实的意义，而妈妈喜欢戴口罩，儿童也一定会喜欢戴口罩。

多有智慧的教师！

绘本是这样阅读的

幼儿园里又在开展绘本《好饿的毛毛虫》阅读活动，这真是一本好书呀！如果说有一条虫子能够一路畅通无阻地从一个国家爬到另一个国家，那就是它了！30多年来，这条从艾瑞克·卡尔手里爬出来的红脑壳、绿身子、高高地弓起来走路的毛毛虫，已经"吞噬"了世界上两千多万个孩子的心。这是一本充满了诗情与创意的图画书，有那么多可讲、可看、可悟、可感的内涵。那只"好饿的毛毛虫"，就是每一个孩子的童年，那个充满着未知，充满着新奇，充满着诱惑，充满着希望的一天又一天，还有那一天又一天里好吃的食物，给了毛毛虫成为美丽蝴蝶的精神给养与物质给养，让我们感受着成长的力量。而老师们引领孩子对绘本的阅读方式，更给了孩子们不同的发展阶梯与无比的快乐。

小班《好饿的毛毛虫》这样阅读——毛毛虫成为了儿童自己

我走进小班中，看到分成三个小组的孩子在分别做《好饿的毛毛虫》绘本的活动，显然这已经不是第一次了。第一组孩子，在利用沙盘讲述《好饿的毛毛虫》故事，孩子们操作着沙盘教具按照绘本的情节星期一、星期二这样的顺序边讲述，边取出自制的苹果、梨子等，边摆放、边点数，孩子们把毛毛虫讲成了一个情景剧，并在构织着情景剧的场景；第一组是美术活动，几个孩子用长长的豆角做毛毛虫的身体，在制作和绘画这只"好饿的毛毛虫"，鼓鼓的、弯曲不平的长豆角，真像毛毛虫一路吃在肚子里的食物，孩子们添画着毛毛虫的脚，画着那好吃的冰激凌、苹果等食物，重新架构起这本书的情节；第三组孩子在剪绿绿的树叶，并用打孔机在树叶上打孔，如同绘本所展现的那样，孩子们在做那只啃穿了树叶的毛毛虫，它等待着成为一只蛹，然后破茧而出。

  多好的绘本活动呀！绘本不仅是用语言来讲的，更是用心灵、用身体来感知和触摸的。当孩子们用打孔机在树叶上努力打孔的时候，他已经是那只毛毛虫了；当他们把长豆角旁边画上毛毛虫爬行的脚时，他们已经开始与毛毛虫一同成长了。好绘本一定与孩子们的成长经历相契合，孩子们在书里面一定能找到那个自己。因此，老师在组织设计上，要让儿童亲历绘本中的角色毛毛虫，让儿童成为书中的主角，就如同我们成人读一本书，我们记忆深刻的地方，一定是与我们曾经的经历最相同的地方，因为他触动了我们最真实的情感。无论痛，还是温暖；好的绘本一定是教会儿童成长，教会儿童生活。

  走进另一个班级，我看到墙面上贴着由孩子们通过涂色剪纸制作而成的毛毛虫，而毛毛虫的头部竟然贴的是班里孩子们的大头照，在这里，一个个可爱的孩子变成了一条条可爱的毛毛虫。老师们正在引领着孩子们讨论："你这条毛毛虫最爱吃什么？"孩子们七嘴八舌地说着："我爱吃甜甜的草莓。""我爱吃棒棒糖，我爱吃提拉米苏。"于是每条毛毛虫的身边都有了一个好吃的,或一截火腿,或一个纸杯蛋糕,或一块樱桃派,那是儿童自己绘画的作品。我一下子就被这充满童趣的创意与活动打动了,不由得对老师的童心和爱意钦佩起来。在这里,孩子们不再是局外人或一个简单的阅读者,而真的成了故事中的主人公——那只"好饿的毛毛虫",那只最终会变成翩翩起舞的美丽蝴蝶的毛毛虫。

真正的绘本阅读活动绝非仅仅是读下一个完整的故事,记住图画中的对话。它一定是让幼儿能够从中看到自己,将自己的生活与故事进行融合、迁移,从而让绘本故事成为自己成长中的一个缩影和参考,成为他自己。

中班《好饿的毛毛虫》这样阅读——感受生命的成长

走到中班,老师开展的是《好饿的毛毛虫》音乐活动,孩子们分成小组,在自己创编舞蹈,几个孩子在班级一角讨论着该用怎样的动作?该如何表现不同的毛毛虫?终于,各组的展示环节到了,在安静舒缓的音乐下,有的孩子抱着自己的脚踝弯下腰,有的抱着自己的头蹲下去,也有的抱着自己的双腿跪下来,不同的姿态都做成一个蛋卵的形状,这是孩子们在用身体动作来表现那毛毛虫在卵时期的生命。随着乐音的慢慢提高,孩子们开始扭动着身体蠕动,那是生命的蠕动,终于那只毛毛虫破茧而出,开始了生命的成长。孩子们开始把身体当作毛毛虫在活动室中爬行、旋转着身体行走,有的在表现钻过树叶,有的在表现啃吃棒棒糖,每一只毛毛虫都在寻找着生命的轨迹与成长的方式,每一只毛毛虫都有自己的所思所想。当音乐再次低沉而安静下来的时候,孩子们又成为等待另一次生命蜕变的蛹，静静的。当音乐激扬而热烈的时候，孩子们把彩色的长纱巾挥舞起来当作翅膀，在天地间尽情地绽放生命的美丽。

我想这只"好饿的毛毛虫"的经历，一定会让表演毛毛虫的孩子们记忆一生，感受生命的成长与力量，并怀揣着这样一个美丽的梦想，最终成长为美丽的蝴蝶。这样的绘本阅读一定是孩子们的期待，同样也成为了我的期待。

每当老师们选择了这样一种方式大胆尝试的时候，我通常都是非常支持的。因为绘本活动不仅仅是一种语言和思维上的阅读，更重要的是调动起孩子的各种感官进行参与。蒙台梭利说："我听到了，就忘记了；我看到了，就记住了；我亲自做了，就理解了。"基于孩子对事物的理解方式，这种体验式的、感受式的、游戏式的新型绘本阅读活动更容易让孩子们对绘本本身产生共鸣和兴趣，让他们从心底与绘本本身融为一体。

大班《好饿的毛毛虫》这样阅读——为孩子种下幸福的种子

步入大班，我看到了以《好饿的毛毛虫》阅读活动为主题的展板墙。展板中有《好饿的毛毛虫》作者艾瑞·卡尔的照片和生平介绍；还有艾瑞·卡尔其他绘本作品如《北极熊，北极熊，你听到了什么？》《小种子》《棕色的熊，棕色的熊，你在看什么？》等书的照片介绍；有孩子们在用自己绘画制作的《好饿的毛毛虫》的故事图画进行讲述的照片；也有孩子们正在观察介绍毛毛虫变成蝴蝶这一生长过程的照片；还有孩子们正在阅读艾瑞·卡尔另一本书《海马先生》的照片。借由一个绘本，儿童根据自己的发展和需要进行扩展和想象，粘贴在展板上的这些大大小小的资料和内容都是孩子们自发寻找而来的，这些活动的照片是老师在孩子们投入的开展活动时抓拍的。在这片天地之中大家进行着知识的分享和思维的碰撞，让小小的毛毛虫幻化成奇异飞舞的彩蝶。

小小的展板并不大，但我已经感受到了老师们对于绘本教学的理念，对于儿童发展的理解，我们不仅让孩子们喜欢阅读这本书，同时还帮助他们了解这本书的作者和作者其他的作品，并产生对作者的尊重和感激之情。启发孩子们的好奇心、激发儿童想要阅读其他书籍的愿望，并借此养成一生的好习惯。

对于同一本绘本，依据孩子不同的年龄、智力发展水平进而开展不同内容和程度的教学活动，老师们不仅仅是让孩子们在读这本书，了解这本书，更重要的是引导孩子们通过各种阅读方式，了解世界。她们把世界带进教室，把世界带给儿童。

失败也是教育的过程

——读绘本《和甘伯伯去游河》有感

第一次读绘本《和甘伯伯去游河》,我很激动,书中的甘伯伯如自己多年想要找寻的一位伯伯,一位如此随和、如此亲切、如此宽容的伯伯。

《和甘伯伯去游河》是约翰·伯宁罕的作品,讲述的是一个非常单纯的故事,单纯得犹如一个幼儿。甘伯伯有一条木船,他的家就在河边。有一天,甘伯伯撑船要游河,两个小孩子、兔子、猫、狗、猪、绵羊、鸡、牛和山羊,一一要求上船。起初的情形还好,后来这些乘客都忘了甘伯伯提出的要求,忘了坐船的规矩。结果,船翻了,大家都掉进水里。甘伯伯带领大家游到岸边,太阳把他们的衣服和身子晒干了,和气的甘伯伯还邀请这些乘客到他家去喝茶,并且提议过几天大家再去游河。

阅读完毕,掩卷长思,这样的事情之于我们教师、妈妈是极其常见的事情。遇到类似事情,我们的做法往往是板起脸来,好好地教育一通,为什么不听妈妈、老师的话?为什么总是把妈妈、老师的话当作耳旁风?最后还大多要跟上一句:"这就是不听妈妈、老师的话的后果。"

而甘伯伯,一句批评都没有,一点也没有生气,他把孩子们救到岸上，然后一起晒太阳，还把他们请到家中喝茶，并且邀请大家下次一起再去游河。没有一句简单的批评，只是让儿童自己在失败中、在事件中去体会，去领悟，不当的行为会产生什么样的后果，明白该怎么做才是对的。而在甘伯伯家喝茶的时候，我们看到小动物们再没有人乱跑、再没有人乱蹦，他们在自己的行为中反思，无须甘伯伯再说任何多余的话，小动物们为自己给甘伯伯带来的麻烦而羞愧。

想到此，自觉十分地汗颜，我们的教育总是在说教、总是在埋怨、总是在批评，我们缺乏对儿童的理解、缺乏宽容，也缺乏仁慈。我们以为儿童不听老师的话，老师就应该尽职地去说教，就该让孩子在老师的批评中去改正。但细细想来，这样的结果，就会导致孩子们失去尝试的可能、失去下一次通过自己经历获得成功或失败的可能，儿童在成人的批评与指责中变得胆小、畏首畏尾，止步于对冒险的挑战。我们忽略了，失败也是教育的过程，失败也是一种结果。我们甚至于应当高兴于孩子的失败，在失败中孩子获得失败的体验，获得学习。儿童的成长正是在经历过无数次的失败、成功、成功、失败中一路走来。爱迪生发明灯泡的过程就是在经历了无数次的失败，用失败证明这样的方法不可行，转而去尝试另一种材料，最终获得成功。我们太关注于一时的得失、成败，结果，我们忘记了教育目的是为了生活，成长本身就是目的。

让我们做一名像甘伯伯那样宽容、慈爱、有智慧的妈妈和老师！

老师，我可以当替补队员

园长的札记

今天，二幼的社团又开始招生了，操场上挤满了大班、中班的孩子们。他们在自由选择、排队报名自己想要参加的社团，社团有乐高、有足球队、有烘焙、有戏剧队、有摄影组、有舞蹈队、有合唱团、有集邮组。

乐高队排得好长啊，孩子们喜欢可以百变的玩具，那里有他们童年的梦幻城堡。烘焙组孩子排的人数较少，李霞老师在那里起劲地宣传，说本学期组里要做饼干、布丁、面包，还要做大大的、香喷喷的蛋糕，好好吃呀。足球队成为男孩子们报名的热门，很快名额报满，刘老师宣布着招生结束，一群失望的男孩子走向别的社团另作选择。但是，中班的笑语和李子涵两位男孩围着刘老师要求增加名额，刘老师说："22个名额全满了，人再多的话，老师照顾不过来，你们可以去报别的组，下次再报足球队。"两个孩子不肯就这样放弃，继续恳求着，老师则依然坚持着报名的规则。磨了半天，别组的报名也接近尾声了，这时笑语说："老师，我可以当替补，如果足球队的小朋友都来的时候，我就坐在旁边看，如果他们当中有不来的时候我再上场。"在旁边的李子涵也说："老师，我也可以当替补。"就这样，两个男孩成为了足球队的替补队员。

我惊叹于孩子们解决问题的能力，惊叹于他们面对问题时的以退为进，惊叹于面对规则时的遵守与灵活，惊叹于他们对真实生活中经验的运用与转换能力，惊叹于他们的坚持不懈！我觉得孩子们好厉害。同时，我更深深地感到要给予孩子们自由、自主、独立行为的空间和机会是多么的重要，让孩子们在真实的生活中，学习到解决问题的能力是多么的宝贵。社团报名无论哪一个组都名额有限，孩子们都会面临无法如自己所愿的可能。当面对问题时，有的儿童会选择放弃，有的儿童选择退而求其次，到其他自己喜欢的社团去报名，有的儿童会继续向老师争取机会，有的儿童用智慧在规则中寻求机会。每一个儿童表现出的解决问题的方式都不尽相同，但都是他们独立思想、独立行为的体现。他们接受着生活给予他们的结果，并在面对结果中调整着自己的行为，此时此刻他们真正是自己行为的主人。

跳蚤市场开在了超市里

园长的札记

大班的超市开了一段时间，孩子们不再那么喜欢那里了，铅笔、橡皮、作业本、图书、手油、小头花等，孩子们已经买了很多，不再成为他们生活中的需要。望着渐渐冷淡下来的生意（区域），左老师问孩子们："怎样才能让超市的活动兴旺起来呢？"有孩子说："老师，我们超市没有好玩的玩具。"有孩子说："吃的东西都是假的，没意思。"老师问："怎么样才能让超市有玩具呢？新玩具很贵，我们不可能有那么多玩具呀？"孩子们讨论起来。这时一个孩子说："老师，我们可以像开跳蚤市场一样，小朋友们可以把自己家里的玩具和东西带到班里来卖，大家交换买，这样也可以买到、玩到自己没有的玩具了。"他的提议得到全班孩子的拥护。你看，其实孩子有时候就像一个优秀的创意师，他们的想法时时闪烁着智慧的光芒。

第二天，超市里堆满了孩子们从家中带来的各种玩具和物品，有汽车、电动的小人、围巾、首饰……超市重新热闹起来。可是，玩具、物品是孩子们自家的东西，卖到多少钱，要由儿童自己说了算，于是孩子们给自己的物品开始定价，超市忙着做货品标签。标签上写有物品的名称、价格与玩具主人的姓名。

孩子们挑选、购买着自己喜欢而物美价廉的玩具。木木的小木马，标价20元，在货架上摆了一周都无人问津。一天，豆豆说："小木马要是10元我就买。"超市服务员把木木从积木区叫来，问道："10元卖不卖？"木木说："15元。"豆豆说："我只出10元，你的木马不能走，只能摆在那里，不带电动，10元就可以了！"木木想了想说："我的木马是木头做的，纯天然的。"可是，豆豆却坚持自己的决定不退让，木木想了想说："我想买佳佳的不倒翁，她要12元，你给我加2元吧，这样我就能买到那个不倒翁了。"豆豆加了2元，小木马归了豆豆，不倒翁被木木买走了。

跳蚤市场开在了班级超市里，真是一大创意！超市丰富起来了，孩子们家中闲置的玩具、物品玩起来、转起来了。在物品交易的过程里，孩子们对价格、对需求、对价值做着越来越合理的判断，购买物品越来越理性，孩子们的加减运算能力在关切自己利益的计算中也日渐提高。真实的生活情境，让孩子们获得了真实而丰富的发展。

关于勇敢的意义

今天,老师们分享了一段视频:一名男孩在户外活动时来到平衡木前,他努力了三次,终于自己登上平衡木。他摇摇晃晃地向前移动着脚步,双臂伸开尽量保持着身体的平衡。走到三分之一处他停了下来,眼睛望望老师,老师给他一个鼓励的大拇指。他调整好身体的平衡继续向前。走到一半处男孩又停了下来,再次望了望老师,老师继续鼓励他,然后男孩继续向前。走到三分之二处,男孩再一次停了下来,再次看向老师,老师再次予以鼓励。那个男孩径直向终点走去,他终于成功地走过平衡木。当他跳下平衡木的那一刻,脸上露出灿烂的笑容。

短短一分钟的视频,平常得不能再平常的活动。但我们看完之后,依然被感动着、震撼着,我们感动于孩子的成长,感动于那个孩子的勇敢与坚持,感动于老师的放手与鼓励。我们更是震撼,震撼于孩子跳下来那一刻的笑容,那笑容印刻在我们心底,定格于我们的脑海。因为那笑容是孩子战胜困难后成功的喜悦,那笑容是孩子对自己成功的肯定,那笑容是任何表扬都不能替代的孩子一次精神成长的赞赏。这一次当孩子依靠自己的力量完成平衡木的行走,我们知道当他下一次遇到困难、挫折时他会想起今天的过程,这是一段多么富有深远价值和意义的经历啊。

这个案例，让我再次思考"勇敢"的品质在儿童的成长中是多么的可贵，因为勇敢是对困难的挑战，是敢于冒险的勇气，是多少次失败也挫不垮的坚持，是即使所有的一切都没有了，我还可以重来的信心。勇敢是一个人真正快乐的源泉，没有勇敢品质的孩子不会有真正的快乐，而没有快乐的孩子培育不出真正意义的勇敢。那么如何让孩子成为一个勇敢的人？有这样一句话，没有一个孩子是因为畏惧困难和失败而变得胆怯，让儿童变得胆小、怯懦一定是来源于成人的批评、指责、不信任。哪里有训诫哪里就有恐惧，而恐惧犹如隐藏的野草，它会肆虐地生长和散播，扭曲人的心灵。

儿童没有背负精神的包袱，他们的心地洁净，他们无时无刻不在享受着在心灵田地里种植的快乐。那是一片沃土，饱满的种子撒在里面，只要不被污染，不被陷溺，它自然能产出无公害的果实来。因此，我们的教育就是要帮助儿童认识自己生命的广阔无垠以及它所具有的微妙、非凡的美，悲伤和欢愉（印度·克里希那穆提著《生活的难题》第二部分）。

二幼的幼儿之歌中有这样一句歌词："是你给了我快乐，是你教会我勇敢。"我希望我们的老师、我们的家长能真正地读懂这句话！

为儿童的成长准备好材料

我们有理由相信每个人都是独特的自己，即使双胞胎也一样。我外甥就拥有一对双胞胎女儿，两个孩子的出生只相差1分钟，她们在相同的环境中成长，一个班学习，同样的教师，今年已经10岁了，然而其性格、爱好、表达的方式、学习的方法都迥然相异。他们一个喜欢绘画，一个热爱舞蹈；一个做事细致认真，一个粗枝大叶；一个愿意为他人着想，一个更关注自己的感受。因此，我想说，每个儿童一降生，便带着自己的生命密码，他们在与世界的接触中建立起自己独有的认知结构、思维方式、人格特征、性格特性。因此，教育的使命是对孩子们原有的生命密码进行解锁，读懂他们的发展进程、建构方式，为孩子们准备好材料。正如薛瑞萍所讲，"教师应当判断孩子可能需要什么，像一个仆人细心地为主人准备好晚餐后退下，由主人随意享用。教师还应具备谦卑的品格，不要把自己的意志强加给孩子，同时还要保持警觉，随时注意孩子的进展，为他们准备下一步所需要的材料"。不要认为你一定比儿童聪明，你一定可以让儿童如你所想所做。

适宜的环境、谦虚的教师和科学的材料是我们教育方法的三大外部要素。我们不可以替代儿童的眼睛、思维、耳朵、嘴巴，那些开着的窗子是孩子们自由呼吸、自由吸纳的途径，经由这扇窗，孩子们看见了世界，闻到了芳香。教师的眼睛、鼻子无法感知到孩子们所见所闻的世界与气味，我们唯一能做的，就如美国教育家约翰·霍尔特所讲的，"就是尽我们所能把这个世界带到学校和教室，给孩子们需要的及他们要求的帮助和指导，然后走开。我们要相信他们能做好余下的事情"。

第一章 追寻至乐至美的教育

每个儿童都是大师

园长的札记

上午李老师到园，带来了装裱后孩子们的绘画作品。几十幅儿童画，摆放在大厅，是如此的壮观与绚烂！更让人震撼的是，当初那一张张薄纸上的、稚嫩的儿童画，经过精致地装裱后，竟然如同大师的作品一般令人惊叹，艺术、真实、自然、不拘一格、有创造、真实而可见的激情表达。老师们的积极性被一下子调动起来，大家一起将孩子们的作品小心翼翼地摊开、摆放在地上，如同欣赏名家作品一般认真地端详每一幅、每一笔、每一抹颜色，有的老师拿出手机给每幅作品拍照。看到自己班级孩子的作品时，老师们竟然像个孩子一样拍手、欢呼，掩饰不住地激动。

那一刻，我们好像真的懂得了什么是儿童画，什么是好作品，什么是儿童的语言，什么是艺术的创造，什么是评价儿童画的标准。面对这些儿童的绘画作品，老师们驻足流连，瞠目结舌，自愧不如。老师们是画不出来的，画不出那真、那灵动、那自由自在、那每个孩子自己独特的语言。

孩子的视角和对事物的表达与成人不同。你看，小班新入园孩子的一幅作品——《冰淇淋》。在拓印冰淇淋圆球的时候，孩子就把它想象成制作冰淇淋的过程，每一个冰淇淋球的口味都是自己最钟爱的。饱满的颜色大胆、用力地印在纸卷做的华夫饼上，撒上七彩糖衣后是那样逼真、清甜、凉爽，看画的人不由得一股清凉沁上心头。每一幅画就是一段故事，每一幅画就是一个孩子鲜活的内心世界。

所有的画，我们都装饰在了园所的楼道中，被精心装裱、又被精心设计展示的儿童画构成了园所美丽的风景，最重要的是展示了儿童的自信、展示了园所坚持的理念与文化。那些画在教育着我们，在向我们呼唤，要多给予孩子自主、自由表达的空间。老师们该认真反思，儿童学什么？如何学？教师教什么？如何教？

范路阳开了小课堂

有一天，活动区时间我来到了中二班，看到美工区范路阳和另外一名幼儿正在专注地用超轻黏土各自捏一条鳄鱼，一条墨绿色，有着黄色肚皮的鳄鱼，我悄然走开，没敢打扰孩子。来到建筑区，孩子们正在搭建积木，不一会儿三栋高楼在孩子们的建设中拔地而起。楼房越建越高，孩子们的个头已经够不到了，他们搬来椅子，站在椅子上继续向高处搭建楼顶，并把楼顶设计成高高的尖顶。

看完孩子们的建筑，我走出中二班，刚走到门口，范路阳小朋友手里捧着那条鳄鱼追上我，对我说："游妈妈您看，这是我捏的鳄鱼。"我惊讶地说道："好漂亮的鳄鱼，鳄鱼的眼睛你用了蓝色的眼底，白色的眼珠，鳄鱼睁着大大的眼睛看上去好精神呀！墨绿色的身体，黄色的肚皮，也搭配得很好看。"我认真地描述着他的作品。这时，他接着我的话，指着鳄鱼背部鼓起的一个个小包说："鳄鱼背上还有刺。"我说："那是鳞甲，你很喜欢鳄鱼吗？"他说："是的。""你从哪里知道的鳄鱼呀？"我又追问。他说："从电视的《动物世界》里面，还有在海洋馆里看到的。"我被孩子的回答激起兴趣，接着问道："你还喜欢什么动物？"他说："鲨鱼、鲸鱼。""你在家经常看《动物世界》吗？"他说："我看《海底小纵队》，我在家还捏了一条鲨鱼呢。"我说："我喜欢你捏的这条鳄鱼，我给你和鳄鱼照张相好吗？"他点点头，我拍下了这张照片。

　　后来，我跟班里段段老师交流到这件事，段段老师说这孩子非常喜欢海洋动物，无论走到哪里都要到当地的海洋馆参观。去过天津的海洋馆、青岛的海洋馆，简直就是一个海洋动物小专家，在家里画的、用纸折的，用泥捏的都是海洋里面的各种鱼儿。老师说，她在班上已经为范路阳开了"范路阳海洋动物小讲堂"，范路阳讲的那些品种繁多的海洋动物老师听都没听说过。段段老师给我拿来范路阳的讲课本——一本活页夹，全部是范路阳绘画的海洋动物，里面的各种海洋生物连我都是见所未见、闻所未闻。

　　为此，我决定亲临范路阳的小课堂，亲身体验一个作为老师的孩子，如何将自己的爱好转化为能量。于是，在一个春日的午后，我作为一个大的有点过分的学生，坐在范路阳区域活动小课堂的一个角落，仔细地看着孩子分析鲨鱼的身体结构和名称，认真地教他的学生如何一步一步地用纸黏土做成鲨鱼的样子，惊诧着原来自己做得还没有孩子做得好……孩子们太厉害了，我再一次品悟着"相信儿童是有能力的"这一观点，我们的教师在很多时候，也许真的要向这些孩子们学习。

儿童身上的能量让人惊叹

我们每个人都是有能量的、有着自己独特的能力的人。据说，有研究资料说我们每个人大脑的智力一生只被开发了3%—4%，爱因斯坦只用了大脑的5%。如果是这样的话，我们有理由相信每个人都是有超能量的人，至乐教育就是要让每个人把潜在的能量尽情发挥出来。

幼儿园的小三班发生了这样一件事：王老师鼓励孩子们用插片拼插各种车辆，结果让我们惊讶的是班中那些小小的孩子，从拼插简单的单片飞机，到立体的坦克车、卡车，不到一个月的时间他们又创造拼插出极其复杂的水泥罐搅拌车、高铁列车、灰姑娘的南瓜车、挖土机、潜水艇、双层露天大观缆车等等几十样作品。他们的作品令所有老师都不敢相信自己的眼睛，因为在我们几十年的教育生涯中，还从来没有发生过这样令人惊奇的事情。但这就是儿童，4岁儿童完成的创造，而且，还不仅仅是个别儿童，班上的孩子们都可以做到。

班中插得最好的是一名男孩乐乐，一天北师大的教师来到小三班，正赶上孩子们吃饭。我们请乐乐一个人讲一讲他的创造，乐乐如数家珍地介绍着自己插的水泥罐搅拌车、拉运水泥的卡车、双层公共汽车。老师们问他水泥拉向哪里？干什么？

他说建大桥、铺路、盖房子、砌墙。当老师们问他插这辆水泥罐车用了多长时间时,乐乐说100分钟(我们知道这样小的孩子对时间几乎是没有概念的,但他的自信、他的快乐,我们深深地感受到了)。然后,乐乐一一介绍班中其他孩子的作品:这是大智插的观览车,这是悠悠插的直升飞机。当来到一列三节火车面前,乐乐说这是高铁,24680号,火车要晚点了,快上车。然后指着列车上的门说:"这是车门,快从这里进车厢。"我们都乐了,我们知道那是乐乐的一次旅游乘车经历。

一辆极其漂亮的南瓜车陈列在展台上,一匹红马拉着那辆南瓜车,那是女孩萱萱插的。当客人问她,这是谁乘坐的车?她轻轻地说:"灰姑娘。"老师介绍说,前两天妈妈带着萱萱刚刚看了"灰姑娘"的童话剧,孩子第二天就插了这辆南瓜车。

儿童把自己真实的生活和梦想反映在这小小的插片世界里,孩子们每一次的游戏,都是对自己真实生活与梦想的反映与再现,同时在反映真实的生活之外,孩子们实现着对新世界的重新建构。每一次的游戏,每一次的创造都推动着儿童精神世界的一次次成长与完善。孩子们在不断地探索与创造中看到了自己的力量,塑造着强大的意志和品质,从而推动他们不断地挑战困难,实现梦想。孩子们在自己创造的世界里,创造着、享受着、快乐着!

我们对小三班的孩子们说:"你们是插片小达人,我们给你们班办个展览,让你们在全园小朋友面前展示好不好?"孩子们抿着小嘴笑得好开心。所有人惊叹着孩子们的创造,惊叹着至乐教育带给孩子们的创造与享受,惊叹着孩子们自主成长的力量。

小孩子有不可思议的力量

乐乐身上仿佛有一种魔力吸引着我,每天我都要看看乐乐又有什么新创造。活动区时间再次来到他们班,乐乐正想要插一辆消防车,在与老师一起浏览网页查阅消防车的图片,多张图片中乐乐选中了一辆自己喜欢的带着云梯的消防车,观察一会儿后他转身去工作了。

中午的餐前时间,我来看乐乐的成果。一辆车身为红色、结构完整、功能齐全、顶部架着黄色长长云梯的消防车展现在我眼前,消防车上还有可载人的升降架。此时乐乐正在做这辆车的最后细节部分,给这辆车安装备胎,他说:"消防车要有备胎,不然车胎扎了怎么办?"车子的驾驶室里,乐乐从乐高玩具中找来一个小人放在里面说是司机,插完最后一片插片,乐乐去洗手吃饭了。

王老师告诉我,乐乐为了插好这辆车都没有到户外去玩,他说他上午要插完这辆车。我问王老师,为什么乐乐想要插一辆消防车?王老师说,因为前几天,小区中有一家着火了,消防车开到了小区,这件事给乐乐留下挺深的印象。

我佩服着这个 4 岁的孩子,佩服他的能力,佩服他的创造性,也佩服他的坚持。从这个孩子身上我看到了什么是真正的"好之者不如乐之者",看到了什么是儿童真正的学习,看到了创造并享受的幸福状态,看到了"学"与"生"的真正内在逻辑关系,我也再一次深刻地反思着我们过去儿童教育中出现问题之所在。我们教育问题的最大原因在于我们不相信儿童,不相信儿童是有能力的,我们不相信孩子们想做事、能做事、会做事,我们自以为大人、教师就一定比孩子强,以为不接受教育孩子就不是学习。我们在认认真真地限制儿童的创造性,在认认真真地以"为孩子好"的名义把孩子当作容器、把所谓的知识装进孩子的大脑中,我们忽略了孩子们最有价值的学习是自主学习,最有价值的成长是自主成长,我们忘记了儿童是一支火把,需要我们点燃。

谢谢乐乐,谢谢孩子们,是你们让我懂得了真正的教育该如何进行,懂得了真正精彩的人生与年龄无关,懂得了一个人做一件事是来自于他自身的内在需要而与勤奋无关,懂得了儿童是我们必须要向他们学习的人。

记得毕加索有这样一段话:"我三岁的时候就可以像拉斐尔画的一样好,但我却用一生在向儿童学习绘画。"以前读到这段话时,我以为这段话只适用于向儿童学习绘画,但今天我真正懂得了,毕加索所说的是要向儿童学习所有的一切。

微信平台带来了教育新活力

微信的力量是我一开始未曾意识到的,开设且运用一段时日后,它的作用带给我管理上意想不到的收获。

幼儿园微信的内容主要用于展示二幼的教育理念与教育活动,信息主要来源于教育一线,来源于各项教育实践活动。好看的微信其特点之一是新思路、新视角、新消息,且编辑简洁明快而能说明问题,图文并茂,引人入胜。

微信平台出现后,班级教师的参与度、积极性很高,到底是年轻人,乐于接受新鲜事物。老师们精心设计着活动,构思着活动的角度,数码相机记录着活动的全过程,制作编辑中锤炼着文字的表达。《安全教育周》《开学寄语》《秋季幼儿护理》《消防队生动的教育课程与演练活动》,纪实性地报道活动的内容和幼儿园日常工作的点滴,成为老师们一开始在微信平台展示的主要内容。这些内容反映了园所的基本工作状态和内容,按部就班,但也略显平淡。但看到自己的微信被老师们、家长们阅读着,老师们心里小小的自豪感得到了满足。为了让更多的人了解二幼,年轻的老师们逐渐在其他微信平台中发现了端倪,并主动建议加入班级的特色活动内容,于是,二幼的微信平台逐渐变得活跃和多彩起来。

"快乐的烘焙"生活课程、世界读书日里的"亲子图书制作"活动、"雾霾天我们应当怎样做"的环保宣传活动，一个个生动鲜活的活动案例，一篇篇角度独特的教育笔记，一段段闪烁着智慧的教育理念，令园所教师们的教育活动变得更为丰富、立体、饱满起来，"儿童参与、关注儿童，主动学习、整合资源"成为老师们设计活动的着眼点和落脚点。微信也成为记录班级活动的新媒体手段，孩子们的活动快速而真实地在家长之间飞传，家长一声声的赞美令教师们的热情更加地高涨。教师之间、班级之间的交流、学习、借鉴、展示与 PK，让教师们开足了马力去精心设计每一个活动，微信将教师置于公众的视线中，催发了教师内在的正能量与潜质，快捷而丰富的信息也日益成为教师们学习的新途径与新手段。让教师自觉、自愿、主动地去学习应该是管理者所能达到的最高境界，而这个境界的实现，由微信在不知不觉中完成。

开在微信群里的儿童展台

小三班的孩子们插片玩得热火朝天,每天王老师都让孩子们与自己完成的作品合影拍照,于是,班中积攒的照片越来越多。在孩子们的建议下,小三班的班级特色DIY相册应运而生。安安与他的灰姑娘的南瓜车,壮壮与他的直升飞机,大智与他的游乐园大观缆车,笑笑与她的双层公共汽车,还有乐乐那个让人拍案叫绝的水泥罐车,等等。

DIY相册成了孩子们展示自己的小天地。大家平时都喜欢去翻看,有的孩子还将相册带回家中向爸爸、妈妈进行炫耀。可是相册只有一本,怎样才能让大家都可以分享到孩子们的成功与喜悦呢?家长们在微信群中求助王老师,有的说:"王老师,子璇说把插片相册带回家的计划要等到下周了,真想早点看到啊!"有的说:"我们自己在家里也做了一本,可是没有其他小朋友的作品,总觉得缺点什么呀!"还有人出主意说:"王老师,我申请去幼儿园当义工,给咱们班专职拍照片做相册,一人一本怎么样?"面对大家迫切的心情,小三班的老师们充分理解各位家长的所思所想及所愿,不久便在班中召开班会进行了研究。

其实,老师们将孩子的作品发到家长微信群中的做法由来已久。而发到微信群中的孩子们的作品,随着家长们的不断发言、点赞、评论、鼓励被不断刷屏，后面的家长根本看不到，或是容易错过。如何解决这一问题呢？小三班老师根据微信的特点和家长的需求，建立了一个名为"微展台"的微信群，并制定了"只能观看，发言请您移步班级聊天群"的群规。这个微信群一经推出立刻受到了家长们的欢迎和追捧。老师把照片每天发在家长的微信群中，向家长展示着孩子们的创造，汇报、沟通着孩子们在园的活动与进步，也记录着孩子们每天的成长足迹。孩子们抱着自己作品时那脸上洋溢的喜悦与自信，让网络无形冰冷的数据化身成为孩子们展示自我、绽放个性的的绚丽舞台。微信小展台成为家长微信群中最抢眼的新闻！微展台成为家长最关注，点击最多的教育论坛！家长们欣赏着孩子们的创造，在聊天群为孩子们的作品点着赞、鼓着掌，一串串的大拇指，一串串的玫瑰花送给孩子，而来自于班级家长们对自己孩子的赞美与鼓励，也让被赞孩子的爸爸、妈妈心中美美的、暖暖的，大家共同分享着孩子们的成长与进步。

微展台给家长们提供方便的同时，也在悄然改变着孩子们。由于这片展示小天地的建立，更多的孩子愿意拼插插片。看到别人的作品，班中内向的孩子也慢慢转变，在家长和老师的帮助下突破自我，将自己的作品也搬上了小展台。班中多多小朋友绘画、手工很好，老师总是把他的美术作品、捏的毛毛虫、蝴蝶等发在小展台微信群中，引来家长们的一片赞叹。可插片作品中却一直没有多多的作品呈现，多多的妈妈羡慕地在群中说："我的儿子什么时候也能如乐乐一样插出一架飞机来呀？"其他的家长们赶快在群中安慰着，鼓励她说："孩子的兴趣点不一样。""多多的美术作品多棒呀，好一个小小艺术家！""静待花开，精彩绽放，千万别着急！""相信孩子，总有一天会登上插片小展台。"

两周过去了，多多一直没有一件自己独立完成的作品，看着其他孩子越来越精彩的插片作品，多多的妈妈又在群里说话了："我儿子这棵铁树什么时候能开花呀？"面对这样的对话，班中的老师暗暗记在心上，并将妈妈的希望转达给多多。孩子的希望纯真而美好，多多悄悄地告诉老师，他想完成妈妈的愿望，插一架直升飞机，给妈妈一个惊喜，希望老师能够帮助他。于是，小三班的王老师一方面鼓励多多继续专注于他喜欢的美术活动，另一方面也在慢慢地鼓励他、陪伴他一起完成一件精美的插片作品。终于，一个多月后的一天，多多自己独立完成了一架黄色的直升飞机。那一刻，孩子抱着自己建造的直升机开心地笑着。老师用手机为他拍下了那洋溢着幸福和喜悦的笑脸，发在了微展台中。微信群里炸开了锅，家长们争先恐后地点着赞，赠送着玫瑰，几位家长说："啊，铁树开花了！"晚上，多多与妈妈微信聊天，听着叔叔阿姨和同伴小朋友的鼓励，开心极了！

班级微展台成为孩子们展示自己的小舞台，孩子们每每在班中有了创造，就会对老师说："老师给我拍个照吧，发在微信小展台群里！"于是，微信小展台成为了晚间每个家庭感受成长快乐的时间，孩子们总是带着叔叔阿姨们满满的祝福与赞美，带着喜悦与成功，带着对明天的美好期待进入梦乡！家长们也在微信小展台中领悟着儿童成长的节奏，领悟着教育的规律，领悟着"按照儿童内在节律起舞"的办园理念，尊重儿童的个性与差异，等待儿童、欣赏和支持儿童的想法与创造成为家长们的共识。看着孩子们快乐幸福的笑脸，以及家长们对老师促进儿童成长而每天发送的鲜花与掌声，老师们觉得什么都值了！

第二章

陶然沉潜在音乐的海洋

音乐能给人以艺术的滋养与美的熏陶,甄选经典、美好的音乐,将音乐融入幼儿的一日生活,陶然沉潜在音乐的海洋,无论是幼儿,还是教师都能获得情感的丰盈与心灵的成长!

聆听班得瑞的音乐

开学了！孩子们犹如归巢的小鸟从四面八方飞回幼儿园。在外面自由漫飞了近两个月，孩子们兴奋的情绪和自由、随意的惯性一时还停不下来。为了收回孩子们那一颗颗狂野的心，安静地融入到新学期的轨道上来，宁静舒缓的音乐应当是最好的教育良策。

在诸多乐曲中，老师们选择了静心音乐《班得瑞》。于是，接下来持续一个月的时间，在一日数次的进餐之际、在饭后的散步之余、在起床后的整理中、在活动区的游戏之时，在孩子们生活的点点滴滴中时刻萦绕着《月光水岸》《安妮的仙境》《四月之春》等旋律。乐曲中的那一丝空灵，那流水、那清风、那月光静静洒在水面的宁静，舒缓着孩子们那浮躁的心，音乐流淌着、浸润着孩子们，使他们远离喧嚣，在音乐的世外桃源中慢慢沉静下来、稳定下来。老师们在《微风仙谷》中轻声细语；在《神秘森林》中微笑着轻拂孩子的肩膀；在《冬之韵》中向孩子们挥手告别……

让孩子们置身在柔和的旋律中，体会那舒缓的节奏、如大地呼吸般的和谐与温馨，把静谧、愉悦注入孩子们的心田。渐渐的，孩子们开始专注地工作、专注地学习、专注地聆听，幼小的心灵在音乐的滋养下更加润泽、更加柔美、更加安静,孩子们也在精神的自我成长中向前迈进了一大步!

第二章 陶然沉潜在音乐的海洋

为什么儿童要欣赏经典音乐

对于古典音乐很多人说听不懂,中央音乐学院副院长周海宏认为"音乐何须懂"?他说:"就是很多专业的音乐人,也无法解释每一部音乐作品,也常常听不懂,音乐又何须懂,只要你感觉到她的旋律美。"其实,我们每个人的情感都是有快乐、忧伤,有紧张、平静,兴奋高亢、消极低沉,音乐旋律的高低起伏、长短快慢与我们人的感觉是一致的,从而构成了音乐作品情绪、思想的一种表达。音乐家正是把自己的真情实感透过旋律表达出来,从而构成了音乐作品的场景、情绪、思想。如当旋律中表现大坏蛋来时,3岁的孩子都能听懂,因为旋律低沉、缓慢、下降,而表现欢乐时,音乐旋律高扬、快速、上升。

儿童听不懂经典音乐的论调,使许多家长、幼教人把孩子关在了经典音乐的大门外,孩子只学习一些歌曲、歌表演、舞蹈,而无缘享受那丰富的交响乐、奏鸣曲带给我们的饕餮盛宴,这是孩童时期的一种遗憾,也是一个重大损失。二幼的老师们曾经做过这样的尝试,将经典音乐加入游戏的元素,让儿童在玩的过程中感受音乐。我们无须告诉他们音乐创作的背景多么复杂,作者的生平多么坎坷,只要他们在音乐单纯的环境中进行游戏。比如,音乐《喜洋洋》是大家耳熟能详的一首节日喜庆音乐。这是一首音乐情绪变化明显的 ABA 段体音乐。老师根据音乐的结构改编成"煮饺子"的游戏，从交流与节日相关的话题开始，引入包饺子的动作和游戏规则，在包饺子、煮饺子、捞饺子的游戏过程中，孩子们自由地感受着音乐，跟随音乐游戏。活动结束的时候，孩子们对音乐建立了基本的认知，却毫无生涩枯燥的感觉。可见，让孩子们与经典音乐交会起舞并非难事。

澳大利亚堪培拉的产科大夫曾让 35 名孕妇每天按时来医院欣赏音乐，胎儿出生后，各个体格健壮，10 年后有 27 名获音乐奖，4 名成为舞蹈演员，其他人成绩均为良好，无一人有不良行为。孩童时代之于人生是多么的关键，蒙台梭利说："儿童有其内在的生命能量，他们带着这种能量，并在外界环境的刺激下得以迅速发展。"

我国著名钢琴家郎朗的父亲是沈阳空军文工团的首席二胡演奏家，就像许多望子成龙的家长一样，他的爸爸深更半夜带着挺着大肚子的妻子，去抢占沈阳空军司令部大院宿舍的那条"音乐走廊"。"在这栋宿舍里，几乎家家户户的孩子都练琴，要不就练唱歌，是个充满了艺术气息的大楼。在那里，每天都跟比赛似的，听谁家的琴声响得比别人早了，哪家的孩子进步快了。那个时候感觉弹钢琴挺正常的，因为大家都弹，有谁要是不弹，倒好像有点怪了。后来，我们搬出了那栋大楼，我才知道，还有人不弹琴、不唱歌的！"这是郎朗的一段话。是什么因素和动力使他能如此执着地坚持下来呢？我个人觉得从出生到和父亲离开沈阳，搬到北京，在他童年那段可塑性最高的八年多时间，沈阳大院的音乐环境，给了他相当充足的音乐养分，那是看不清、说不清却极其珍贵的"音乐熏陶"！

艺术也是一种智力，一个人的艺术智力是在童年奠定的。艺术的智力让我们拥有另一片天地的丰富感知，那是对生活及其本质的感知。即使不懂音乐，如果你能感知到它的美，音乐已经在你那里实现了。

选择经典音乐，拒绝音乐垃圾

我们的生命是有限的，儿童期则更为短暂，也尤为关键，我们的耳朵该受到什么样的熏陶？我们的精神该受到什么样的影响？在众多的音乐之中、歌曲之中，我们该选择什么样的曲目，让孩子欣赏、学习与演唱？每当听到有孩子因为爸爸妈妈的缘故而用稚嫩的童声学唱《老鼠爱大米》《两只蝴蝶》《月亮之上》时，老师心中就一阵阵地发紧，一阵阵地痛。如此低劣不堪的歌词，如此粗糙简陋的曲调，我不知在孩子尚缺乏审美判断的年龄，这样的音乐和歌曲会告诉孩子些什么？会给孩子幼小的心灵留下些什么？《薛瑞萍教育教学问答》中说："在根部，人的生理感觉和精神体验是相通的。"所以杜甫说："钟声云外湿。"朱自清说："嗅着缕缕荷香，却仿佛听到远处高楼上飘渺的歌声。"孩子们在年幼时耳濡目染的一切，都将内化到生命的深处，成为永难改变的劣根性，一个从小只听到、只吸收音乐垃圾的孩子，如何可以期待他未来拥有高雅的品位，从而能够欣赏伟大的歌剧、交响乐、舞蹈、电影、小说、诗歌呢？

因此，幼儿园在音乐教育中必然担负起对儿童、对家长音乐内容选择与推荐的责任，就如同我们推荐好的绘本、图书一样。我们要用什么唤醒孩子音乐的耳朵？用什么引起家长对于幼音乐选择的重视？作为老师、家长和孩子的监护人，我们首先要能够分辨什么样的音乐对孩子的影响是有益的。正如很多妈妈在选择胎教音乐的时候，她们往往会选择莫扎特的音乐。因为从诸多理论支持上来说，莫扎特的音乐能够使孩子的神经处于活跃的状态，从而使思维变得更为活跃，使宝宝更聪明。其实，出生以后，音乐仍能对儿童起到启智的作用，只是大多数的爸爸、妈妈忽略了这一点。

我们无法控制幼儿长大后会向怎样的音乐伸出手臂，但是，我们的老师和家长要在今天、从小就给予儿童积极、高尚、优美的音乐。比如，当我们开车行驶在拥堵不堪的道路上时可以播放轻松舒缓的音乐，车内缓缓流淌的宁静的音乐会抚慰成人和孩子焦躁的情绪。音乐使我们仿佛置身于山林、小溪、清泉、高山之中，让我们的心绪沉静下来、心中萌生出更多的静谧与美好。在这样的体验中，孩子必然成长得更加欢愉、积极、乐观，而家长也会在如此美妙音乐的伴随下，让"路怒症"得到缓解与消失。

——历数、适合孩子的经典音乐有许多，如舒伯特的《小夜曲》、贝多芬的《月光奏鸣曲》《田园交响曲》，莫扎特的《土耳其进行曲》；舒曼的《童年情景——梦幻曲》《狂欢节》；以及《梁祝》《平湖秋月》《在那遥远的地方》《十面埋伏》《二泉映月》等。经典歌曲如《卖报歌》《小螺号》《让我们荡起双桨》《粉刷匠》《歌声与微笑》《雪绒花》《Do-Re-Mi》等，改编的经典童话、绘本如《白雪公主》《丑小鸭》《绿野仙踪》等。这些经典不但属于历史，而且超越历史，仿佛有一颗不死的灵魂在其中永存，成为永恒。

一起沉浸在音乐的美好中

音乐是有灵性的,喜爱它的人能够将这种情感传递给周围的人,形成一种共鸣和力量。所以我们培养老师们对音乐的感悟和热爱,因为老师对于音乐的热爱也会传递给孩子。因此,音乐的灵性就会在孩子们当中晕染开来,这是多么美丽的一幅图画!

教师与儿童共同聆听一首曲目、共同唱一支歌,共同跳一支舞,这种集体的幸福感是不同于独自享受的。因为一班人一起沉浸在同一美好事物中的感觉会在孩子心中会聚成一种力量,一种气场。每当春日悄悄走来时,我们带着孩子聆听小约翰·施特劳斯的《春之圆舞曲》,感受自然万物生命的蓬勃与昂扬;春末夏初,师生共同聆听古筝《春江花月夜》,体味春夜的朦胧月光与清溪流水。当秋天降临,我们共同欣赏克莱德曼的《秋的私语》,在树下我们一起看着黄叶一片片飘落,静心聆听红红的石榴张开小嘴的欢歌。音乐滋润着童心,童心映照着音乐,音乐与童心水乳交融、混为一体。

当静静地聆听完小约翰·施特劳斯的《春之圆舞曲》,老师问道:"听到这样的音乐,你想做什么呢?"孩子们有的说:"我想跳舞!"有的说:"我感到特别兴奋!"有的干脆手舞足蹈地跳了起来……老师的提问代表了她在听到音乐的时候一定有所感、有所想,而正是由于老师的所感所想激发了孩子们对于音乐的想象和表达,就像海浪拍打岩石激起了层层思维的浪花。在这种思维中,孩子们对古典音乐的热情和兴趣被一下子激发出来。正如薛瑞萍所说:"儿童今天在这里听到享受到的一切,都将作为饱满的种子,作为煤炭埋藏在儿童生命的深处,将来,当机遇来临,种子会生根发芽长叶开花,将来,当他们身处黑暗寒冷的环境,煤炭自会燃起熊熊的火焰——他们将靠自己的光明和热力,驱赶黑夜和寒冷,战胜黑暗和寒冷。"奥利弗·史瓦兹说:"我的音乐是兼具视觉、触觉与听觉的,从大自然所得到的创作灵感将一直延续到世界各地听众的心中。它不只是新世纪音乐,更是取自大自然的心灵营养剂……"

秩序

——以音乐的名义

蒙台梭利发现:"儿童一个显著的特点就是对秩序的热爱。"儿童对秩序的热爱,远远胜于主妇对整洁的偏好,乃至达到了生死攸关的程度。

开学了,刚入园的孩子哭闹得很厉害,其中的原因很多,诸如缺乏安全感、陌生的环境、陌生的人、离开了父母与亲人陪伴等等,但这里一个不容忽视的原因就是孩子原有的生活秩序被彻底打乱了,一个原来平衡的世界混乱了。孩子们不知道一个环节过去了,下一个环节等待他们的将是什么?什么时候才能回到他原来熟悉的那个状态?他们深深地陷入这不知未来的恐慌里。为此,他们烦躁不安、他们绝望地哭喊,甚至用生病来表达痛苦与焦虑。因此,尽快帮助孩子建立起新的秩序,是儿童适应入园,减少分离焦虑的关键。

此时此刻,对于孩子们来说,任何语言的安慰都显得苍白无力。因为老师们对于孩子毕竟还是个陌生人。即使老师对孩子们给予加倍的关爱,照顾得无微不至,我们仍然能从他们的眼神中读出那略带戒备的依赖。的确,让一个成年人接受另一个成年人尚且需要时间,更别说让一个孩子在一个陌生的环境下去接受一个陌生的成人了。我能理解孩子们的这种焦虑，心疼他们所面临的这种处境，因此，更多时候，我是在和老师们一起寻找一个突破口，让孩子们在比语言更温暖的安慰中，走出分离的焦虑和恐惧，重新建立新的秩序。因为秩序是服从于孩子个人的、内在的需求，也是对孩子天性的回归与尊重。如何让孩子们在柔和、愉悦的前提下尽快建立起新的秩序？我们的答案是用优美的音乐帮助儿童建立内在的秩序与安全。

根据孩子们的年龄特点和喜好，将一天的园内生活都配之以相宜的音乐。每天孩子入园，听着轻音乐，沐浴着早晨的阳光进入园内和班级；在优美的旋律声中等待早餐的到来，随着乐声的响起，孩子们逐渐知道这是自己吃饭的时间到了；午餐后的散步，伴随着园内各个角落处回荡的舒缓、幽雅的古典音乐，孩子们随意地四处闲步；午睡的时间到了，睡眠室舒伯特的小夜曲会带着孩子们进入甜美的梦乡，舒缓的音乐轻抚着孩子们焦虑而浮躁的心，给了孩子们踏实与稳定的情绪。他们知道当欢快的乐声响起，自己将会离开温馨的幼儿园，妈妈一定会来接我回家。下午离园乐声响起，一个个孩子像出林的小鸟，投入到妈妈的怀抱中。

一天的音乐，如时钟一般在孩子们的生活中准确、有规律地响起，孩子们的内心世界，渐渐地在音乐的环境中变得井井有条，富有秩序，这时的孩子找到了安全、舒适、踏实与自由的感觉，就像安泰可以随时偎在大地的胸怀。

为什么音乐能生成秩序，因为美好的音乐，是声音世界里美好的秩序，而所谓美，黑格尔说："不过是秩序的感性表达。"

音乐主题活动下的贝多芬及其音乐

就音乐教育而言，贝多芬、莫扎特、柴可夫斯基、王洛宾、杨丽萍等许多名字是不可能绕过去的，其音乐作品是必然要听、要看的。这些伟大的作品与伟大的名字该早早地在孩子幼小的记忆与心灵上拂过或铭刻，为今天，也为明天。

音乐主题活动的确立，其目的是想通过一个个较为完整而系统的音乐活动，以更宽阔的视角、更丰富的手段让儿童来享受音乐，知晓音乐，体验音乐，获得关于音乐更多方面的知识，对音乐有更深的理解，陶冶儿童的情操。

伟大的德国音乐家贝多芬在我国可谓家喻户晓，虽然28岁时耳聋，但他绝不向命运低头，其后创作出大量传世之作的故事更为感人至深。贝多芬的《致爱丽丝》《命运交响曲》是我们在音乐主题活动中选取的作品之一。

当《致爱丽丝》那温馨柔美的乐音从钢琴中缓缓飘出的时候，老师的解说在幻灯片的画面中娓娓道来，"一个雨中的春天，四周一片寂静，窗前、屋檐下，小雨滴答滴答地发出一串串错落有致的声响，贝多芬——一位钢琴家正在等待一位美丽的少女，少女清纯而可爱，她要来向贝多芬学习钢琴，而此时少女还没有到来，贝多芬不由得和着那滴答滴答的雨滴节奏，敲击着钢琴的琴键，一首动听的旋律在贝多芬的指尖下缓缓响起……"孩子们静静地聆听着，画面定格在春天的小雨中，远处一个朦胧少女的身影走来。这是献给爱丽丝的钢琴曲，这是贝多芬纯真美好感情的表达。

一首美妙的钢琴曲后，幻灯片的画面中出现贝多芬的照片，开始讲述贝多芬的故事。孩子们被深深地吸引着，他们不相信如此美妙的钢琴曲竟是出自一位完全听不到声音的人之手，那是来自寂静世界里的天籁之音。当《致爱丽丝》再一次响起的时候，孩子们脸上多了一分专注、一分凝静、一分感动。由此，孩子们想深入了解贝多芬，他们在问："贝多芬《命运交响曲》也和《致爱丽丝》一样好听吗？而且他还有很多很多的音乐作品吗？"他们充满崇敬与好奇的心被激荡起来，于是走近音乐家贝多芬的活动主题开始了。

孩子们回家上网与爸爸、妈妈搜集贝多芬的生平，搜集贝多芬的音乐作品，和爸爸、妈妈一起聆听，到幼儿园讲述贝多芬《命运交响曲》的由来，交流着为什么叫《命运交响曲》《英雄交响曲》。老师借机引导着孩子们对作品进行分析：《命运交响曲》中贝多芬面对困难、面对苦难顽强地抗争，不向命运低头，不被困难压倒，心中仍然充满着对生活的热爱，这些在音乐中的表达紧紧抓住了孩子们的心。孩子们理解着贝多芬音乐中的情感，理解着音乐的语言表达，也懵懂地理解人生。《致爱丽丝》《命运交响曲》的旋律在孩子们脑海中回旋，在心灵中撞击，在生命中震荡！那是心的聆听，心的召唤，贝多芬音乐作品的精神内核在慢慢立体饱满起来，在渐渐生动鲜活起来，它深深地印刻在孩子们的心田。

在班级和家庭建立音乐厅

心理学家认为，在儿童期间，一是建立完整的人格和开发儿童的智力，另一点就是培养儿童审美观。审美观建立得好坏，决定孩子从小到大是否远离丑恶和犯罪。审美观在某种程度上是一种道德观，一个在审美情趣方面很高雅的孩子，长大后不会很平庸，也不会很野蛮，更不会很庸俗。

希腊的圣哲柏拉图这样来表述人生境界的这种至高追求："凡是想依循正路达到这种神密境界的人，从幼年起，就倾心向往美的形体……从此，再进一步，他应学会见到行为和制度的美，看到这种美也是到处贯通的，因此，就把形体的美看得比较微末。从此，再进一步，他应受向导的指引，进到各种知识中，看出它们的美……这时，他濒临美的汪洋大海，凝神观照，心中涌起无限欣喜，于是，孕育无数的优美崇高的道理，得到丰富的哲学收获。如此，精力饱满之后，他终于豁然贯通唯一涵盖一切的学问，以美为对象的学问。"

在一座城市中，在我们的生活中，如果有一座或几座美术馆、音乐厅，那么这个城市带给我们的生活会发生很大的不同。当我们走进美术馆、走进音乐厅，我们有着不同于走进商店的那种感觉。家住在北京我们真的很幸福，我们有国家博物馆、中国美术馆、首都博物馆、世纪坛、炎黄艺术馆、徐悲鸿艺术馆、宋庄艺术区、798艺术区；我们有国家大剧院、北京音乐厅、中山公园音乐厅、梅兰芳大剧院等。我们在一年当中可以随时去欣赏、去接触、去聆听、去感受，每一次从那里走出来，都如同沐浴一次甘露，是一次享受、一次感动、一次欢喜。

  幼儿园的孩子小，有时剧院会因为儿童太小坐不住或干扰别人而谢绝儿童，这一点我们理解。因此在幼儿园中、在家庭中为儿童建立一个"音乐厅"就尤为重要，我们要有一定的时间、有一定的曲目让儿童去聆听，无论是世界的还是民族的，是成人的还是儿童的，是经典的还是流行的。老师要为儿童做好推荐与选择，让音乐在儿童的生活中流淌，让音乐像春风一般轻轻拂过孩子们的心田，让音乐成为儿童生活中的一部分。当儿童生活中有了艺术、有了高品质的音乐，孩子的心中就会有美好贮存。

  我身边有这样一个人，他是一位基建队的普通工作人员，如今已70多岁了。几十年来，每天清晨四点半左右起床必做两件事，一是沏上一杯浓浓的香茶，二是欣赏贝多芬、巴赫、海顿、舒曼等音乐家的一些作品，静静地享受那每日一小时的音乐盛宴，贝多芬的《命运交响曲》让他泪流满面，而《梁祝》小提琴协奏曲让他柔情万千。每天他奔波在满是灰尘、喧嚣的工地上，但他身上没有工地上的粗俗，没有常见的那种抱怨，他的精神是洁净而明亮的，是高贵而丰盈的。那外在的尘土，那外界的喧嚣，随着音乐在他的内心流淌，在自我心灵的净化中，一切变得美丽而清澈，心灵的美好与高贵无关乎他在高级的办公楼还是在尘土飞扬的工地上，这就是一个人的幸福！这种幸福的能力谁也剥夺不去，他是真正的拥有内在力量和尊严的人。

第二章 陶然沉潜在音乐的海洋

表演区：孩子们游戏的场所（一）

表演区是孩子们的自由天地，是孩子们游戏的场所，是孩子们尽情表达自己情感的快乐一隅。1997年文学奖得主达里奥·福是一位大剧作家，他从小就喜欢和两个弟弟演戏给别的孩子看，不过他当时并不把这看作是戏剧，而只当作游戏。正是根据亲身经历，对于"究竟是谁发明了戏剧"这个问题，他给出了一个意味深长的答案，是儿童发明的，没有游戏就不会有戏剧，剧作家和演员不过是把儿童的游戏当作职业的人而已。

儿童最初在表演区的活动，有点像过家家一样。你看，几个三岁多的孩子自说自话，有的孩子边唱儿歌边做着自己觉得合拍的动作。《拔萝卜》的故事和儿歌得到了孩子们的喜爱。"老爷爷快点来，快来帮我们拔萝卜。""来了来了！"孩子们在边表演边说儿歌中，游戏的需要得到了满足，形成了戏剧游戏的雏形。慢慢的，在游戏中，孩子们变得会分配角色，会按照角色的需要变化语气，也慢慢地感受这种特别的游戏带来的快感。

同时，孩子们在特定的游戏情境中赋予自身角色，并在角色的扮演中不断地完善自身的心灵成长，解读着自己对世界的理解，渐渐内化为自身的一种价值观、道德标准，培育起对真善美、假恶丑的价值判断，人类精神的高贵禀赋也随之觉醒。

  由绘本改编的童话剧《会飞的抱抱》让孩子们感受到爱和温暖，每一次的表演，孩子们都在相互拥抱的体验中感受着世界的美好，感受着生活的美好！在一次次的被爱中，孩子们学会了爱自己，爱别人，进而让整个世界充满爱的力量。《猫和老鼠》在告诉孩子勤奋的必要；《母鸡萝丝去散步》在启迪孩子智慧的闪光；《鳄鱼怕怕和牙医怕怕》让孩子们明白世界上很多事情在考验着人与人之间的爱和信任。在一幕一幕的童话剧中，在一次一次的游戏中，孩子们在自由、快乐地成长！

第二章 陶然沉潜在音乐的海洋

表演区：孩子们游戏的场所（二）

一天，小班的四个孩子在表演区正在表演一首被孩子们百唱不厌的经典歌曲《两只老虎》。孩子们极其投入，大声且快乐地边演边唱，没有教师，也没有观众，只有孩子们自由自在、尽情地演绎着，那一刻孩子们欢乐无限。此时此刻的孩子早已把自己变成了那两只老虎，他们想象自己如小老虎般在奔跑，自由欢畅地追逐在草原、森林、河边。表演给了孩子成为那两只老虎，成为自己想成为的那个动物，那只猫、老鼠、狐狸的一个机会。

表演区结束后我问那四个孩子："老虎的尾巴哪儿去了？老虎的耳朵为什么不见了？"孩子回答我说："老虎藏起了尾巴，让人以为他不是老虎。老虎藏起了耳朵，是他不想听见妈妈叫他回家。老虎把耳朵忘在家里了，老虎在捉迷藏……"

这是孩子们的回答。那没有耳朵、没有尾巴的老虎，在成人的眼中也许是个遗憾，也许是个疑问，但在儿童眼中那些荒诞、怪异的事情越发变得有趣。因为那是他们七彩的想象，是他们快乐的源泉。他们透过表演区的舞台演绎着自己想象的世界，并让想象得到合理的释放和自我满足。因为孩子们各个都是超现实主义的艺术家，正是基于此，孩子们的想象力得以驰骋，孩子们的创造性得以出新。

表演区是孩子们自己的游戏天地，没有了成人过多地指导、过多地预设目标，孩子们想象和创造的空间无限广大。让我们给孩子保留一块这样的自由之地，一个快乐展现的空间。老师要走进童心世界，甚至要把自己回归到儿童，只有这样我们才能真正地理解儿童，支持孩子们的兴趣与想法，让儿童自主成长。

第二章 陶然沉潜在音乐的海洋

表演：培育孩子想象与创造

园长的札记

一个童话剧的表演过程中，孩子们虽然有脚本，但他们不会完全依照剧本而说每一句话。孩子们在表演中不会去死记硬背，而一定会融入自己对角色的理解，自己对事物和世界的理解，把自己的人生经历展现其中。所以，孩子们的表演在一定意义上是在表演自己，教师要给孩子们留下很大的空间让他们自由地发挥，这样的表演才会更生动，更好看，才是真正的童话剧。我们不能让孩子仅仅表演现成的剧本，那样的活动不是一种致力于情感的活动，不是游戏，那只是一种简单而机械的记忆、模仿，是一种知识的灌输，儿童没有内在的精神与智力的参与，也就不会有内在的发展与完善。

蓓蓓老师负责的一班的《一园蔬菜成了精》的童话剧正在表演着。前一天，老师与孩子们一起阅读《一园蔬菜成了精》，本来就对蔬菜有着浓厚兴趣的孩子们，纷纷模仿起其中的莲藕大王、胡萝卜将军，有的孩子双手合十放在头顶，学着其中的葫芦大炮发射炮弹，有的孩子看到黄瓜甩起扫堂腿，也有模有样地学着蹲在地上伸出脚。这时孩子们问老师："老师，咱们班种的小蔬菜会不会也成了精呀？"蓓蓓老师问他们："咱家的蔬菜成了精，他们会干什么哪？""会踢球！"男孩子们说。

"会上幼儿园吧!"小雪说。"哈哈……蔬菜也上幼儿园……"孩子们都笑了。老师将孩子们的想法一一记录下来,和他们共同将这些想法展现在主题墙上。在表演区的时候,孩子们兴致勃勃地排练了原创的童话剧《一园蔬菜成了精》,孩子们改编着绘本,创造着新的剧本情节,一班的孩子成了一园蔬菜。

随着孩子们想象力的丰富和创造力的增强,改编与创编歌词成为他们创造力的初步表现。接下来,他们开始为他们喜欢的戏剧角色和音乐编配相应的动作。儿童喜欢用肢体的动作表达对音乐的感觉,在表演中孩子们的创造力得到了进一步提升。小手上下舞动变成了蝴蝶,双脚外"八"字走变成了小鸭子,双手合十平放、一开一合变成了小鸭子的嘴巴……动作的不断完善和丰富,让孩子们感受到作为一个创作者的成就感和乐趣。道具的加入,给孩子们的创造力插上了翅膀,一根艺术体操的彩带可以成为彩虹,可以是仙女棒,也可以是孔雀美丽的长长的尾巴……

表演就像一掬清泉,甘甜清澈,浇灌着孩子们幼小的想象力,让其生根于幼儿内心,并蓬勃在幼儿的成长之中。

尊重、理解、接纳儿童的表达

一岁多的孩子在音乐节奏响起的时候，他会快乐地扭动着小屁股，摇摆着身体，每一位妈妈都自豪地、欣赏地看着孩子的摆动而赞美；当孩子跟随妈妈唱着第一首歌《世上只有妈妈好》，听着五音不全的孩子稚嫩的声音与跑调，每一位妈妈都忍俊不禁，脸上满溢着喜悦和满足。孩子从妈妈鼓励的眼神中、话语里感到成功，沉浸在自己的歌唱与表达里。他们不知对与错，不懂好与坏，在怡然自得的状态快乐地学习着，成长着，并在不断地模仿学习中完善提高。这是一件多么美好的事情，这是一段多么令人难忘的画面。

我们的教育者本该有这样的心境、本该有这样的态度，对待孩子关于音乐的理解与表达，我们该用妈妈此时的视角。记得不知谁说了这样一段话："没有哪个孩子是因为惧怕困难挫折、错误而变得胆小、退却。孩子变得胆小、退却多是因为成人的指责与呵斥。"艺术活动是培养孩子的个性、独立意志，独立精神、独立思想很好的途径之一，是孩子展现自我、表达自我的一个广阔平台。在音乐艺术的表达上，每个孩子都有自己的理解和方式，每个孩子的成长经验不同、个性不同、肢体发展程度不同，对音乐的感悟能力不同，其表达必然不同。

一次，小班的体态律动活动《晨曲》中，孩子们在音乐中自由地扮演着各种飞翔的小鸟，有的向上飞、有的旋转，有的快速地从左边飞到右边，而后再飞快地转身飞回来。小鸟的姿态各异，然而宽宽站在一边看着小朋友们的舞姿却一动也不动。这时候，老师走过去静静地站到宽宽的身边，宽宽自然地拉起老师的手。他专注地看了一会儿，对老师说："老师，我不想演小鸟，我想当一朵小花。"孩子为自己的表现找到了出口，老师愉快地答应陪伴他一起做一朵安静的小花。他们从旁边的道具箱中拿出纱巾做成小花的样子，安静地蹲在一边看着其他孩子飞舞、旋转。我想，此刻虽然他身未动，但是思想和情绪一定投入到表演之中，亦如任何小鸟那样的欢畅。老师尊重、理解、接纳了他的表达，他也由此变得更喜爱表达和创造。

今天，儿童音乐教育价值之一就是启蒙儿童学习理解、尊重其他人的思维方式、工作方式和表达方式，在没有标准答案的情境中做出决策；用音乐、艺术的方式交流他们的思想和感情，有力地增强自我表达的内涵。这些是人类可贵的能力，也是儿童今后走向社会、适应社会的重要品质。所以，教师应该始终带着欣赏、宽容、接纳、认同的态度鼓励孩子。个性是孩子身上最宝贵的东西，正是由于个性的存在才使得世界丰富多彩。

小舞台，大精彩

小舞台不是儿童一年才有一次的"六一"节舞台，不是儿童难得一次的舞蹈比赛舞台，不是选拔尖子的表演舞台。它是我园在春季、夏季每周两次晚离园时在操场上由各班儿童和家长自己选择、自己申报节目、自由表演的一个30分钟的自主舞台，表演的内容有集体合唱、童话剧、舞蹈、歌表演等。小舞台必须保证让每一个孩子都有经常登台的机会，全园儿童和家长观看并给予孩子们真诚的欣赏与赞美。

中班的月月是个喜欢音乐但是腼腆羞涩的孩子。一个人的时候她曾经向妈妈表示想要为大家演唱歌曲，由于性格原因她始终没有完成这一愿望。班中才艺展示时，她总是小声地演唱，就像动画片中害羞的小黄莺。"六一"儿童节表演时，她愿意站在第二排，有伙伴的陪伴她才更加安心。为此，月月的老师跟月月共同制订了一个"绽放计划"。他们找来月月喜欢的歌曲，帮助月月单独进行练习，给予她鼓励和支持。为了让孩子在计划中一次成功，妈妈和老师陪伴月月周末去录音棚将歌曲事先录好音。终于，在月月觉得足够"安全"的心理状态下，他们走上了小舞台。那一天，月月的歌声赢得了诸多小小粉丝的崇拜，月月的"绽放计划"成功了。由此，她变得更加开朗、乐于表现，小舞台成为她成长的阶梯。

"小舞台，大精彩"这个题目是我们一位老师提出的，提得非常好，说明这位教师真正懂得了儿童舞台的意义与价值。小舞台的大精彩在于"舞台是每一位儿童的"，我们通过搭建这样的一个舞台，展示孩子们的自我，培养孩子们的自信，绽放孩子们的精彩，让孩子们慢慢懂得人生的舞台随时都有，舞台属于每一个人，只要你勇敢地走上去，别人都会为你真诚地喝彩。

小舞台的大精彩还在于"给儿童一个大的心理空间"。儿童在教师和家长的协助下自主选定节目，自愿组合伙伴，自己制作寻找服装，这时孩子成为了自己的主人，孩子们不仅在表演节目，更在创造艺术，其艺术可以在如此大的舞台去表演，孩子们独立、自主、负责的精神由此培养起来，孩子们未来的精彩人生正是从这小舞台中走出。

迎着朝阳起舞

清晨是一天的开端,是生命的黎明,清晨是愉快、美好一天的关键。当孩子们从梦中醒来,一个充满愉快而欢乐的幼儿园的清晨是如此的重要!当孩子们舒展开像小鸟一般的翅膀在尽情地舞蹈、歌唱时,那一刻无数的家长在孩子的笑脸中感到欣慰,那一刻家长把拎起的心安放回了原位。

多少年来,幼儿园清晨主要的活动目的在于锻炼,我们重视儿童身体的健康,却忽略了儿童心理的愉悦。那锻炼有利于身体健康的抽象概念怎么也不能在儿童幼小的认知中激发起一种自觉的动力。老师们挥舞着小红旗,刺激诱惑着孩子为红旗而早起,而锻炼的目标被搁置在了一边,忘记了我们本初的目的。

为孩子们营造一个欢乐而充满朝气的清晨,用丰富而多彩的舞蹈让孩子舒展开肢体与心灵,让孩子们迎着冉冉升起的朝阳起舞,在集体欢畅的气氛中开启新的一天。这是我们丰台二幼"一日乐教育"的第一乐章。

从周一到周五,每天的清晨我们安排不同风格、不同形式的集体舞,周一是舒缓而优美的民族舞,我们让孩子们周末那飞起来的心平静下来;周二是歌表演组合,孩子们把日常学习到的歌舞汇集展示;周三是集体双圈舞,孩子们在双双的配合中,增进着互动与交流;周四是儿童律动大游行,全园孩子们大融合,在行进中快乐地舞动,宛如一条流动的彩虹;周五是劲爆现代舞,在富有动感而强劲的旋律中,孩子们、教师们尽情释放着能量与热情。不一样的音乐造就了不一样的风景,不一样的风景中孩子们感受着不同音乐,体验着不一样的快乐。

为了那清晨,为了那欢乐,为了那美好,孩子们催促着妈妈快去幼儿园,而一声声"妈妈看我跳舞"的请求,让孩子们的舞姿在妈妈的注视下越发的优美而灵动。孩子们的身心沐浴在清晨的曙光中,是如此的健康、饱满而充盈。

第二章 陶然沉潜在音乐的海洋

沉浸在美好与宁静中的午睡

午睡是许多青年教师感到挺难管理的一个环节，中班、大班总有一些顽皮而精力旺盛的孩子把那没有消耗掉的能量在床上尽情地释放，使本该很安静的睡眠室如有一只小老鼠般的让人心神不宁。而午睡对于儿童又是那样的重要，与儿童良好情绪情感养成、儿童智力发展、体格发育都密切相关。

儿童尽快入睡的关键在于心的宁静与安稳，而这一分安宁不是从上床入睡才开始。这份宁静应当始于进餐环节，伴随着轻柔流畅的音乐，孩子们愉快地就餐，心的波澜在饭香与流动的旋律中渐渐静了下来。而饭后的散步，一段富有节律而空灵的《雪之幻》，将孩子们有序地自动排成了一队，秩序再一次被认定，孩子们的心更加地踏实与稳定。睡眠室中简洁而低吟的小夜曲如缕缕微风飘荡在室内上空，轻轻拂拭着孩子的耳与心，亦如妈妈枕边的亲昵低语。孩子的心在音乐的关照中彻底地安静下来，他们随着班得瑞的音乐、舒伯特的小夜曲进入了寂静葱绿的森林，进入了月光洒落的湖面，进入了缓缓摆动的摇篮，进入了妈妈温暖的怀抱。

乘着歌儿回家

家是一个亲切而柔软的地方，家是心灵栖息的港湾。在园生活一天的孩子，每当晚霞映在天边，每当钟表的时针指向5点，孩子们的心犹如倦鸟归林。他们期盼着妈妈那温暖的怀抱，期盼着家人的呼唤与笑脸。有家可回是一件多么幸福的事情，盼望回家是一种多么美好的情怀，回家是一件多么令人开心的事情。一曲萨克斯的《回家》，让多少人加快了回家的脚步，让多少人望见了窗帘后家中暖黄色的灯光，让多少人闻到了妈妈那饭香的味道。

幼儿园回家环节绝不能是一件要潦草完结的过程，不能是一段快快打发的时间。它应当是孩子们一段美好时光的结束，是另一段美好时光的开启；它应该是孩子另一种心绪情感的准备，是对另一件美好事物的期待。我们重视孩子们从幼儿园离开的每个瞬间，就如同我们重视每个孩子来园的那一刻一般无二。我们将对待儿童的热忱渗透在他幼儿园生活的点点滴滴之中，当然也包括在离园的这一刻。因此，我们将离园看作是一种仪式，一种郑重而充满温情的仪式。吃完晚餐，老师和孩子们坐在一起，大家一起说说这一天的收获、感受、开心、感动，分享着成长的点点滴滴。之后，通常老师会以一首《再见歌》

结束一天的活动。《歌声与微笑》《送别》《唱再见》、say goodbey……这些渗透着浓浓不舍情谊的歌曲，把孩子们带进离别之情，也将为他们开启另一段快乐的家庭之旅。

其实，重视送别代表着彼此有一种亲密的情感。妈妈早晨送别孩子的时候通常会拥抱、亲吻、挥手、目送孩子走出自己的视线，这是缘于妈妈对孩子浓浓的情感。幼儿园将这种浓浓情感表达转移到幼儿园的离别环节，让儿童感受着幼儿园是他的另一个温暖的家，老师才真正从孩子的心里走进妈妈这个角色。

当孩子们一一跟老师、朋友告别后，园中响起"请把我的歌带回你的家，请把你的微笑留下"的歌声，这欢乐的歌、欢乐的曲让孩子们记住了欢乐的一天，他们定会把这欢乐与家人分享。当"蓝蓝的天空银河里，有只小白船"在夏日的傍晚缓缓划来，美妙的歌声划进孩子的心窝，孩子们期待着夜晚能与妈妈一起看天空的月亮，听妈妈讲美丽嫦娥的神话，一起数夜空中的星星，那每一颗星都是对美好未来的憧憬。让孩子伴着歌声的旋律，走向心中最温暖、最渴望的地方——家，让孩子随着歌声的悠扬，倾听心中的幸福一遍遍唱响，让孩子们乘着歌声的翅膀，把人类最美好、真挚的情感一直带向生命的远方。

国旗下的歌声

当我们站在国旗下，听着嘹亮雄壮的《义勇军进行曲》，看着五星红旗升起的时候，每个人心中油然而生的是"我是中国人"这个身份的一种认知；当我们在天安门广场，亲眼目睹着国旗在第一缕晨光中由整齐而威武的士兵手中升起的时候，我们感受到祖国妈妈的力量与温暖。当奥运会上，我们的五星红旗伴随着国歌在世界升起的时候，我们感到作为中国人的自豪与骄傲。

从小时候，每个孩子知道中国，大多是因为五星红旗，因为红旗是我们国家的象征；每个孩子理解爱党、爱祖国是因为五星红旗，那是作为一名中国人心中的永不坠落的闪闪红星。

国旗下的歌声，是我们对孩子进行爱祖国、爱的教育的重要时机，而唱响歌声，更是孩子喜欢而直抵儿童之心的一种方式。

我们将每周"国旗下的歌声"定义为爱的教育，通过中国革命传统教育、中国传统节日教育以及各种纪念活动等形式培养儿童爱的情怀。孩子们在国旗下唱响国歌，传唱纪念英雄的赞歌《我的祖国》《英雄王二小》《英雄赞歌》《学习雷锋》等，聆听英雄的故事，感受英雄的豪迈、崇高与伟大，大班、中班儿童通过表演舞蹈《大中国》《五星红旗》在弘扬着一种精神与信仰。

在一次次的歌声中理解祖国,在一次次的仪式中感知祖国,在一首首歌曲中传唱祖国,祖国在孩子们的脑海中逐渐具体起来、清晰起来、生动起来、深刻起来。随着那优美动听的旋律、那流淌的歌声,孩子稚小的心底深处抹上了一笔红红的浓浓底色,为孩子埋下了爱祖国、爱家乡的种子。今天的种子以后一定会生根、发芽,成长壮大,让孩子成为有根的人,成为一个有理想、有志向、爱国、爱家、爱人民的人。这是我们今天的教育必须去做的一件事。

园长的札记

让儿童伴着经典音乐活动

电影中的音乐始终伴随着画面,因为音乐,情节与画面被烘托得更加辉煌或无比的柔情,更加的悲伤,更加欢乐或沉静。我们在电视中看黄山,如此美丽、如此旖旎,而当我们真的亲临其境、登上黄山时便感觉少了一分影片中的壮观,一分感动,那是因为影片中的黄山在音乐的伴随下,让我们多了一种听觉的参与,多了一分情怀,一分心绪,从而也加重了心中的一分美好。

幼儿园一日中的几段活动,我们都用心地做好背景音乐的选择,空气中时时流动着旋律的美,伴随着孩子的活动,一切显得更加惬意,更加富有诗意,美好的希望与情怀在孩子心中慢慢荡漾,慢慢浸染。在音乐的选择之中,我们尽量多选择经典音乐。经典之所以成为经典,在于它流传的广度和深度,在时间的长河中被不断洗刷和珍藏的经典音乐犹如时光打磨过的宝石,闪闪发光。清晨孩子们踏着格里格的《晨曲》走进校园,清新流畅的音乐唤醒孩子们惺忪的睡眼;游戏活动中,我们播放维瓦尔第的《四季——春》,孩子们在生机蓬勃的音乐中感受着游戏带给他们的欢畅;读书活动中,我们播放着《天鹅》《致爱丽丝》,或快乐、或悲伤的音乐情绪让孩子身临其境地进入到故事当中。经典音乐伴随着孩子们的活动，同时也悄然无声地走进了童心世界。

不仅如此，音乐的价值还体现于对孩子智力与习惯的影响。德国是一个十分重视音乐教育的国家，许多学校每天都上音乐课，他们不是为了培养像巴赫、贝多芬、门德尔松、舒曼、瓦格纳、理查·施特劳斯等那样的大音乐家。据德国《时代》周刊报道，在德国一份长期的科学实验调查报告结果证实，参与学习与聆听音乐的学生变的更加守纪律，精力更加集中，学习效率大幅度提升，学生在理解能力、社交能力、自控能力以及发挥创造力等方面得到全面发展，这是其他办法所达不到的效果。就此方面美国、西班牙、保加利亚等国家的科学研究人员也做了大量的实验，1994 年 8 月举行的美国心理学学会 102 次年会上，罗斯彻宣布了她的一项研究成果，聆听音乐能加强空间推理能力所需的各种脑神经之间的联系，并能建立新的神经桥，进而改善儿童的空间智力，并维持很长时间，甚至永久。《今日美国》则在报道中提醒家长："如果聆听音乐尚未将你的孩子变成一名小伯恩斯坦（美国作曲家）的话，它至少可以点燃一名未来的居里夫人或伽利略的天才之光。"的确，我们所知道的许多科学家，如爱因斯坦、李四光、钱学森、袁隆平等都热爱音乐，音乐开发了他们的智力，音乐为学习注入激情，音乐也培育了他们坚强的意志品质，培育了高尚的品德和情操，培育了他们为人类美好做出贡献的赤子之心。

让节日在音乐的欢歌中铭记、传承

节日是生活之树上鲜艳夺目的花朵,是社会群体和每个成员心中最华丽、欢快的乐章。春节、端午节、国庆节、母亲节、植树节、儿童节、中秋节、教师节等所有节日都是在漫长的历史中逐步被创造并且固定下来的。节日不仅仅是庆祝和文娱活动,民族的历史、传说、礼仪、艺术、道德规范以及祈福、禁忌、纪念等活动都在节庆活动中。在漫长的历史长河中,历代的文人雅士、诗人墨客,为一个个节日谱写了许多千古名篇。而音乐家们也为节日谱写了一首首华美壮丽动听的音乐乐章。节日的活动在一篇篇诗文、在一个个仪式、在一曲曲音乐的旋律中,更加地生动、独特、精彩、浪漫,中国的传统节日也是在一次次的庆祝中被记忆,被传承。

节日是幼儿园教育中最值得关注的重要时刻,我们以各种各样的活动在儿童幼小的记忆中、心灵上解读着一种文化、一种生活。而用音乐的欢歌营造节日氛围、用音乐的欢歌理解节日情怀,用音乐的欢歌表达节日主题,更符合幼儿的年龄特点。之所以选择音乐这种表达方式而不是图画和诗歌,首先是因为音乐与情绪更为相似,音乐能够更加准确地表达情绪。其次,自古就有很多音乐和歌曲对节日的特点和习俗进行描述,让孩子们从歌曲中、从音乐中了解更多跟节日有关的信息。更是孩子们深刻体验和学习理解节日的一种方式，且是更加艺术的方式。

《春节序曲》《喜洋洋》把孩子们带进了喜庆而热闹的春节场面，包饺子、贴窗花、扭秧歌、拜大年，孩子们理解着音乐，也了解着中国的春节文化。国庆节时，《十月是你的生日》《我和我的祖国》《五星红旗迎风飘扬》……一首首歌曲让孩子们感受到祖国的温暖与庄严，表达了对祖国妈妈的无限热爱之情。在中秋节制作月饼的过程中，在"玉兔捣药""嫦娥奔月"的故事中，《爷爷为我打月饼》《彩云追月》《在银色的月光下》《小白船》把孩子们带入静静的夜晚，带入月光的静谧与对亲人的思念。植树节在春的生机里、春的盎然中，孩子们歌唱着《小松树快长大》《小树苗》《植树节》等歌曲栽种着树苗，懂得了人与自然，保护环境、绿色家园的重要与对大自然的敬畏。母亲节、"三八"节时，《世上只有妈妈好》《我的好妈妈》《鲁冰花》《烛光里的妈妈》《妈妈的吻》等歌曲增进了孩子们对妈妈的感情，在孩子们给妈妈制作的贺卡中，在为妈妈的歌唱中，在与妈妈共同的聆听中，在一声声"妈妈、我爱你"的呼唤中，增进着孩子对妈妈的爱、对"爱妈妈"这一伟大美好情感的深刻体验。

这音乐中的节日，节日中的音乐，我想当孩子长大，当孩子走到天涯海角，都会永远铭记着曾经伴随着他人生成长中重要意义的音乐之声，铭记着他在幼儿园曾经那些激动过他心灵的音乐时刻，也铭记着一个个节日的仪式与深刻的文化内涵。

伴着音乐我们陶然沉潜在春夏秋冬

我很庆幸自己生在北方,这里有如此明显的春、夏、秋、冬四季更迭,从小我便有机会领略到春的生机、夏的热烈、秋的辉煌、冬的沉静,每一个季节都曾给我一分不一样的体验,一分特别的记忆,一分美好和别样的感动。每当春的绿芽吐露,夏的河流奔腾,秋的果实点头,冬的银装素裹,我的心绪、我的情怀、我的生活定会随着那季节、那景致、那温度、那色彩书写着不同的故事,而故事的画面上涂染了赤橙黄绿青蓝紫饱满而丰富的色彩。大自然把美在我的心灵深处一遍遍描绘,一层层浸染,一次次印刻。

当我慢慢长大,我明白了自然的力量,从季节中懂得了事物运行的规律,知道在炎热之后必有冬凉,在繁花之后必有凋零,每一个季节都有自己的景致,每一段时光都有自己独特的表达,我们的人生亦如这四季。其实春夏秋冬每一季都精彩,都极有韵味,都值得我们回味品尝。

一次次聆听维瓦尔第的小提琴协奏曲《四季》、贝多芬的《春天奏鸣曲》、克莱德曼的《秋的私语》、班得瑞的《夏天来了》《初雪》、舒伯特的《冬之旅》,每一首曲子都将自己带回遥远的记忆,带到曾经的欢乐与悲伤,也将自己一次次带进激荡与宁静。

107

我喜欢这样的时光，我享受这样的美好，在音乐里，我轻抚着自己的心绪，也梳理着自己的人生岁月。

我们也用音乐装点儿童的四季。还记得春天的时候，挑选开学典礼背景音乐的任务由蓓蓓老师的中三班小朋友承担。当老师将几首经典音乐的名称告诉孩子们的时候，孩子们不约而同地选择了维瓦尔第的《春》。"为什么？"老师问。"因为现在是春天！"孩子们回答。你看，孩子们将选择音乐和季节结合在一起。于是，老师和孩子们共同聆听了维瓦尔第《春》的音乐片段。"《春》真好听！"孩子们说。"就像有人在跑步一样。"另一个孩子补充道。在孩子们七嘴八舌地讨论中，《春》这首背景音乐被很快确定下来。在孩子们的讨论之中，大家分享着这首音乐带给他们不一样的感觉。在开学典礼中，在《春》的伴随下，孩子们开始了朝气蓬勃的一个学期。

四季是一幅幅美不胜收的画卷，它多姿多彩地呈现在我们眼前，让我们带领着孩子伴随着大师们的音乐在春天的迎春花前，去体会那生命的绽放；在夏日的雷鸣雨风中，去聆听大自然震撼的力量；在秋日的金黄与石榴树下，去欣赏那层林尽染的丰富和丰收的喜悦；在皑皑的白雪大地里去找寻走过的脚步。带领着孩子去用心享受这自然的美妙，用心聆听自然的呼唤，去体会在音乐与每一个季节里自己独有的一分心境并陶醉其中，这是一种幸福的能力，一种自我的净化的能力，一种美的能力。

瑞士著名音乐家、班得瑞乐团团长奥利弗·史瓦兹说："我的音乐是兼具视觉、触觉与听觉的，从大自然所得到的创作灵感将一直延续到世界各地听众的心中。它不只是新世纪音乐，更是取自大自然的心灵营养剂……"

音乐课堂之一：拨动孩子欢乐心弦的音乐

在我的小学记忆中，我最喜欢的课程是音乐课，教师的脚踏风琴如神奇的魔箱，飘荡出一个个动听美妙的音符，而留着长辫子、美丽的女教师则如天使，那银铃般的歌声宛如天籁之音令我着迷。每星期，我都特别期盼着有音乐课的那一天。那一天的我，被那琴声、歌声所牵引而不能自已。一首首少年的歌曲也永远地萦绕在我耳旁，驻足在我的心里。

长大后，我把这种感受与朋友们交流，大家竟也如我一般，在那 20 世纪 60 年代的岁月里，音乐课的歌声成为我们声音世界里最美的天籁之音。今天的音乐课仍然还是孩子们最渴望的课程，最期盼的活动，因为这里有那么好玩的音乐游戏，有一首首动听的歌曲，有一支支欢乐的舞蹈，有我们敲击出的好听的声音，有大音乐家的故事和他们的曲子，有我们孩子自己创编的音乐作品……

伴随着音乐的旋律，一群小白兔在草地上快乐地玩耍，大灰狼则总是躲在哪里准备伺机吃掉小白兔，结果自然总是一无所获、垂头丧气，而此时的孩子们欢笑成了一团。一群小老鼠"吱吱吱"地捉迷藏，而大花猫"喵"的一声大叫，却不知早早地通报给了小老鼠，结果一只老鼠也捉不到。孩子们看着大猫，在想:"多笨的大猫!真该教他如何聪明点。"孩子们沉浸在音乐游戏的趣味中、欢乐中。

　　课堂上那一首首悦耳动听的歌曲,被孩子们在教师的引领下,在分组的讨论中,在流淌的旋律中,记忆着歌词,领会着歌中的意义,用好听的声音演绎表达,动听的旋律在孩子心中汇成一条又一条绚烂的彩虹。还记得《为了妈妈》歌声中,孩子们一起呼喊"我们一起去找妈妈,哪怕走遍海角,哪怕走遍天涯"的时候,那真诚的目光和闪动的泪花吗?还记得《保护小羊》分角色表演之中,孩子们化身正义的小动物,为了打跑大灰狼而团结一心表现出来的坚定和决心吗……在孩子们眼中,歌曲的世界就是真实的世界、歌曲中的故事就发生在身边。

　　打击乐让孩子们领略着参与表现音乐的快乐。当《土耳其进行曲》《拉德斯基舞曲》《铃儿响叮当》《水仙花圆舞曲》在三角铁、撞钟、铃鼓、沙锤、双响筒、响板的敲击中,在不同乐器的组合中,在孩子们共同的合作中成为一首更加有力、更加雄壮、更加动听、更加悦耳的音乐时,孩子们知道了每一件器物的价值,知道了分配的妙用,知道了变化的无穷,知道了合作的重要。孩子们在活动区中又会创造出无数新的《土耳其进行曲》《拉德斯基舞曲》《铃儿响叮当》《水仙花圆舞曲》。

　　当全班儿童坐在一起聆听《黄河大合唱》《在那遥远的地方》《好一朵美丽的茉莉花》《啤酒桶波尔卡》《四只小天鹅》时,孩子们知道了聂耳、知道了中国黄河的奔腾咆哮势不可当,他是中国的象征,领悟着中华民族的气概,中国人民的力量就如这黄河不可抗拒;孩子们还知道中国有一个遥远的美丽的地方,有着一位美丽的姑娘,也有着一位歌颂这美好姑娘和地方的音乐家王洛宾。孩子们还知道，世界上还有很多的音乐家，创作出很多丰富多彩的音乐作品。他们心中向往着黄河，向往着那遥远美丽的西部，向往着更多、更远、更美好的事物与未来。

音乐课堂虽小，但它纵横天地，课堂教学虽短，但它延绵千古。课堂里我们拨动、启蒙的是孩子快乐的心弦，歌声中我们教孩子唱出真善美的旋律，舞蹈中我们让孩子们舒展着身与心的和谐，打击乐中我们奏响孩子生命的交响乐章。

第二章 陶然沉潜在音乐的海洋

音乐课堂之二：音乐课堂的游戏性

说到幼儿园音乐课堂，人们头脑中立刻呈现的是充满欢乐稚嫩的儿歌、孩子们略显笨拙的舞蹈和开心的场面，课堂上孩子们不是为了必须学会什么，而是由于喜欢这歌，喜欢这舞，喜欢这音乐，喜欢这老师，喜欢这气氛，尽情地唱啊，跳啊，玩啊，不知不觉中已学会了那歌、那舞、那节奏，懂了那音乐，孩子们把欢乐洋溢在歌声里，把美展现在舞姿里。

小时候，大杂院的我们都曾自由自发地玩过"丢手绢"，"丢呀丢呀丢手绢，轻轻地放在小朋友的后面，大家不要告诉他，快点快点抓住他，快点快点抓住他。"没有一位家长和老师教授过我们，在跟随哥哥姐姐的游戏中，在那快乐地一圈一圈地追逐中，我们起劲地拍着小手，起劲地唱着那歌，一代一代这样传承着音乐的游戏。

今天的广场舞，今日的公园合唱团，成群结队、成百上千的人们在广场领舞者的带领下，在一群人气势磅礴、浩浩荡荡、响彻云霄的歌唱中，人们越唱越好听，越跳越协调。儿时的我、长大后广场上的大爷、大妈，在某种心境上有着惊人的相似之处：唱歌、跳舞不为演出的精彩，只为一群人在一起游戏的乐趣，只为那欢乐的场面，只为歌曲与舞蹈带给内心的快乐与美丽。

2002年,我去新西兰培训,一首"七步进阶"音乐中,老师发给我们每个人一个苍蝇拍,随着那位音乐老师的带领,我们快乐、有节奏地拍打着空中的苍蝇。每个人挥舞苍蝇拍扭动的姿态不同,追打苍蝇行进的方向不同,拍打苍蝇的落点位置不同,但拍打苍蝇的节奏却和着那音乐,是那样的一致,一群三四十岁的老师们玩着、拍着,是那样的开心,那样的投入。在新西兰我所接触到的所有音乐活动,均是这样传授与教学的。

我用心体会着教师良苦用心的教是如何体现在不教里,音乐活动中教师留给孩子创造的空间在哪里?为什么同一首音乐孩子们有了各自的表达,有了各自的舞蹈语汇?孩子已有的经验是如何在新音乐活动中得以加工和创造的?我第一次领悟着寓音乐教育于游戏之中的妙用,领会着音乐课欢乐的真谛,领略着让儿童感知学习音乐与培养儿童创造音乐之间的关系,明白着什么样的音乐活动带给孩子真正发展的价值。

音乐课堂是欢乐的课堂,是充满游戏情趣的课堂,音乐课堂也一定是教师精心准备的课堂,是教师教育智慧的结晶。教师精心挑选音乐,精心准备道具,精心设计教育方法,精心设置教育目标,而这精心在音乐课堂教学中又显得是那样的不着痕迹,那样的信手拈来,那样的游刃有余,那样的轻松自如。这里真如《孙子兵法》中所讲,最高的战术好像没有战术,最好的战役好像没有什么策略,因为那里的一切,都在战役的发生之前已经得以预料、得以准备、得到解决。因此,所有孩子们学习掌握起来看上去是如此的轻松,如此的快乐,如此的投入。我们追求这样的教育技能和教育智慧!

音乐课堂之三：音乐教育课堂评价

评价是一种导向，一种标准。关于课堂教育的评价有很多很多，直到今天随着教育改革、课堂改革在不断地推陈出新，评价也在不断地变化。我们的音乐课堂评价坚持以儿童的学来评价教师的教，以儿童真正喜欢的课堂才是"好课堂"为标准，以儿童真正的欢乐评价课堂的精彩。这种欢乐不是表面的嘻嘻哈哈，不是无价值的热闹，它必是在教师精心设计引导下的快乐学习，是在欢乐中的获得与成长，它必是儿童思维的参与，必是儿童经验的升华，必是儿童在遇到挑战时的勇敢向前，必是儿童内在的喜悦，也必定是儿童对美的又一次体验。正如泰戈尔所讲"天空上没有留下任何痕迹，但我已飞过"，这是教师的教育技能与教育境界。关于评价的产生，我们基于教师在教育的实践与研究中观念的转变与教育的体会，形成了音乐课堂教学评价的"六度"。

一、欢乐度：课堂气氛的欢乐程度

音乐课首先要欢乐。儿童学音乐为的是高兴和欢乐，而不是仅仅为了掌握技能，欢乐在前，技能知识在后，不可本末倒置。欢乐是儿童学习音乐的基础和前提。教师切不可学习一首歌不是为了高兴地歌唱，而变成一句一句重复的鹦鹉学舌，为了一个舞蹈,而让孩子机械地反复练习,一曲美妙的打击乐变成了一遍一遍单调的敲击动作。音乐活动一旦变成了压力,变成了简单劳动,变成枯燥无味的知识,音乐的美就不存在了,音乐教育的最大价值也就荡然无存。

爱音乐是孩子们的天性,而游戏则是孩子们学习和成长的途径。在游戏的过程中,教师一步一步地加深游戏的难度。在学唱歌曲的过程中,老师将游戏《照镜子》融入到学唱的过程中,让孩子边听旋律边做动作;边做游戏边感受乐曲的结构特点;边唱歌边做音乐游戏的过程中快乐地完成学唱歌曲的目标,让活动的游戏性充分地发挥出来,最大限度地调动了幼儿活动的积极性和主动性。

二、自由度:个性表达的自由度

音乐课堂中的作品选择乃至环节的设计,无论是歌表演、音乐游戏、节奏游戏、音乐欣赏等,教师都要尽量给儿童留有自由表现、自由表达的空间。音乐教育的目标之一就是音乐创造,实现创造美。如对动作软、硬的表现,儿童可依据自己的生活经验去尽情表现,冰激凌化了,橡皮泥的变形,气球的柔软,面条的无力,小铁锤的坚硬,金箍棒的力量,大石头的稳固,机器人的僵直等,每一个孩子都有自己的舞蹈语言,都有自己的姿态展现,多么的丰富多彩呀!儿童在自由地表现中理解着音乐,认识了自己,增强着自信,舒展着个性,同时也理解着别人的表达方式,尊重着别人的不同差异。

三、参与度:主体思想的参与度

音乐课堂的教学过程中貌似全班儿童都在参与,因为都在唱,都在跳,但这种参与还不够,音乐活动应进一步关注到儿童思维的参与，有效地参与，主动地参与，而不是教师个人意志的体现，儿童简单地模仿教师。如进室环节中牛奶杯与牛奶的角色分配，教师可以设计得更为开放，由孩子们两两一组自由商议、自由组合、自由表现动作造型；再如"甩葱舞"音乐，给儿童一个开放的命题："这根葱还可以当成什么，怎样表现？"儿童当作吉他弹奏的动作，当作球拍运动的动作，当作生活工具扫地的动作，在积极的参与中儿童了解了舞蹈来源于生活，生活创造了艺术。儿童的经验得到丰富，儿童的思维得以在音乐的领域中延展出无限的想象力、创造力。

四、有效度：策略方法的有效性

教师音乐活动组织策略的有效性直接关系到儿童的学与发展，无效提问、无效策略、无效练习都是在浪费孩子们的热情、孩子们的生命，同时无法将他们引向智慧的高峰、体验的高峰。策略是教育的能力，是教师对教育目标、教育内容、儿童水平、教育资源整合等分析理清后的设计，每一个策略都要指向目标儿童的发展。如教师让小班孩子练习固定节奏，音乐为"康城赛马"，教师的策略是找来一大块弹力布，全班儿童围在一起与教师共同随着音乐节拍向前、向后拉动这块布。孩子们的欢乐是无限的，而在共同的游戏中，全班儿童的动作越来越一致，孩子们逐渐掌握了此曲的节奏，教师的教与不教再一次闪现出智慧的光芒。

五、精彩度：活动节奏的精彩度

课堂的精彩度源自于老师对于活动节奏的把握。通常情况下一节高潮迭起的音乐活动能把参与者和观看者都带入一种专注的状态，这种投入和专注就是课堂的精彩度。《小兔子的故事》

是中班一节精彩度很高的音乐活动。活动一开始，教师在音乐《加沃特舞曲》的伴随下进行游戏"熊回头"，将孩子们带入一个快乐的氛围之中，随后初步感受音乐《拨弦》的造型游戏——小兔子采蘑菇。孩子们通过扮演大小、形状各异的蘑菇而摆出不同造型的时候，活动的高潮开始积蓄。为了能给孩子们以游戏高潮的带入感，老师在游戏即将进行之前将下面游戏的情节铺垫了一个相应的故事，一方面让孩子们了解游戏的规则和背景，另一方面让孩子们感觉到"重头戏"就要来了。孩子们在活动之中就像在电脑游戏中打通关一样，征服着一个又一个游戏，最终获得游戏的胜利。看的人投入其中，参与活动的幼儿意犹未尽，活动的精彩就在互动之中得到展现和释放。

六、整合度：音乐内容的整合度

就一节音乐课而言，其内容选择非常重要。当前我们的一种音乐课模式基本为一节音乐活动只听一首曲目，只唱一首歌，或只做一个游戏，进室环节、发声练习、学习与复习之间内容、曲风、体裁的相互补充都不见了。我们认为这样的模式可以有，但仍要与三段式的教育模式相结合，依据不同的内容、不同的需要选择。

一节音乐课内容应该是丰富多彩的，它如一场欢乐盛宴的全程，如果全部宴席只有一道菜，再好的菜也会令人感觉单调而乏味。音乐课要完成的音乐教育目标是在教师有目的、设计好的每一节活动中渐进式完成的。如进室的环节可以有不同风格、不同形式、不同表达，它是音乐节奏、舞蹈动作、游戏的一种复习与巩固、创新与发展，儿童应在教师的每一节设计中感受到、学习到。发声练习则是儿童在与教师每一节的应答中、游戏中做好了歌唱的准备，懂得了对嗓子的保护。每一节音乐活动中所穿插的歌曲的演唱、舞蹈的学习、音乐游戏、音乐欣赏等内容使孩子们领悟到音乐作品、音乐形式的丰富与变化。一个环节接着另一个环节，一个内容接着另一个内容，孩子们在渴望中汲取着，不知不觉中已获得发展。

此外，音乐切忌过度的分析。把音乐曲子、节奏变成一种知识，把完整的歌曲、曲子拆解得鸡零狗碎，儿童得到的是肢解了的知识。一节音乐活动课中，孩子们一直在与几分音符为几拍，几分音符长什么样较劲，而优美动听的音乐却没有聆听到一遍，也没有完整地打击过一首曲子。

教师在一节活动课中还要关注新旧内容的比例，要关注各种动与静的交替，要关注曲风的协调与搭配，要关注不同内容之间的和谐搭配所产生的美，也要关注同一音乐内容在不同课时中的分配与循序渐进，要关注到音乐内容的完整性，关注到音乐课堂的音乐感受美，表现美，使孩子们在没有陡坡的道路上慢慢达到一定的高度。

音乐：儿童领悟绘本故事情感的催化剂

《猜猜我有多爱你》《森林大事件》《和甘伯伯去游河》《大怪物》《树真好》《我爸爸》《会飞的抱抱》《小狐狸买手套》《让路给小鸭子》等书是多么好的图书呀！伴随着轻柔的音乐，每一次阅读都被深深感动，那种温暖随着流动的旋律在心中慢慢地融化开来，在心中慢慢地荡漾，持久弥香。

儿童绘本中有大量以表达"爱与温暖"为主题的书籍，在儿童幼小心灵中播种温暖与爱的种子非常重要。一个在温暖环境中长大的孩子心中才会有温暖，一个在爱的环境中长大的孩子将来才会去爱别人，才会把这种爱与温暖传递，一个有爱在心中流淌的孩子便拥有了一生幸福的源泉。

这样的绘本该如何讲给孩子们？以怎样的方式？一定不可以随便在一个挤出的时间缝隙里，教师要如准备一场隆重的庆典，只为人类这最美好最崇高的爱，而此时一定要音乐相依相伴，在音乐衬托下的故事必然更加柔软，更加圆融，更加生动。《猜猜我有多爱你》中，"'我爱你一直到月亮那里'，说完，小兔子闭上了眼睛。大兔子把小兔子放到用叶子铺成的床上，她低下头亲了亲小兔子，对他说晚安……"此时，轻柔如月光般的音乐把兔妈妈的温暖与爱意衬托得更加浓厚，更加柔情，小兔子、兔妈妈、老师、儿童都没了声音，只剩下音乐在空中缓缓地继续将我们浓浓的情感延续、回味、传递。而《森林大事件》中"地上盛开一片紫云英花，大熊和小袋鼠舔着蜂蜜说'这蜂蜜有股春天的味道啊'"，音乐和着语言如一股股春风轻轻拂过孩子们的心，孩子们的心浸润在甜甜的蜜中，一片温情，一片暖意，一片甜美。

也许，将来孩子们忆起今日此际，也许会忘记教学环节，但一定会想起这爱的故事，想起和着音乐为他们讲故事的教师，想起窗外明媚的春光、耳边舒曼的雅乐。

让每一位教师都在音乐的舞台上精彩绽放

我们曾停留在仅仅对一节音乐课堂的教学与研究，音乐课总是由几位特长教师负责教学，其他教师们感到总也好不过他们，便少了许多积极研究与探讨的欲望。当我们把音乐课堂特色扩展为音乐教育特色，随着音乐教育内涵与外延的扩大与变化，仅就音乐教学而言，给予全园教师的平台增大了。"国旗下的歌声"使每一位教师都有机会在每周的升旗仪式中去轮流主持与策划，在如何把音乐与各种主题教育相融合的探讨中，教师们思考着音乐的作用，选择着音乐的类型，领悟着音乐在此次活动中的最好表达方式。教师们逐步对音乐教育的价值有了新的认知，慢慢喜欢上了音乐在不同活动中的独特表达，喜欢音乐带给活动的精彩。他们通过活动体验着音乐的实际运用和效果，获得了成功，也体验着快乐。

"小舞台，大精彩"的活动，我们全部由青年教师唱主角。他们在引领儿童的创作、指导儿童的音乐表演中思索着儿童该有什么样的学法？怎样才能让儿童大胆而自信、喜欢参与？于是给孩子们自由表达的空间，给孩子们在音乐活动中以欢乐，这最基本、最朴素、最根本的原则在小舞台的活动中让教师领略出个中三昧。

班级的音乐特色，更让教师自身的某一相对优势得以发挥，如歌唱、舞蹈、童话剧、音乐游戏、打击乐、音乐与绘画等。教师由此切入，不经意间一步一步迈向音乐教育的丛林深处，呈现出异彩纷呈的景象。当老师自身的爱好映射到孩子们身上的时候，孩子们就会变得不同，蓓蓓老师班级的孩子乐于唱、马老师班的孩子悦于舞……而孩子们表现出异于其他班级幼儿的长处又给予了老师一种向上的积极的力量。因此，老师和孩子共同促进，彼此扶持、相互支撑着成为了那个更好的自己。

　　音乐教育的大概念，音乐表现的多样性，音乐教育不等同于音乐课，音乐教育无处不在，这些都让教师们不再对音乐教育望而却步。在丰富的音乐活动中，教师们享受着音乐的美，也享受着音乐教育带给他们成长的快乐。

如此情怀

——在一日经典音乐中陶冶教师的情怀

音乐之于人的情怀、人的情感、人的思想、人的审美情趣而言，蕴含着丰富的营养。它让人感情丰富，让人富有同情心，让人展开想象，让人心底更加柔软，让人举止更加文雅，让人心灵更加纯净而高尚。音乐是我们教育儿童的上佳良策，同时也是影响教师的一剂良方。

二幼的气质源于音乐，源于教师们深入骨髓的对于音乐本身的热爱。教师们在轻柔曼妙的音乐之中变得轻声细语，在舒缓的音乐之中变得更爱笑、更温柔，时刻被浸润在轻柔舒缓的经典音乐旋律中，空灵、自然、悠远如天籁般的班得瑞的音乐，为教师的工作注入一分美好、一分宁静，一分别样的情怀，教师的工作在音乐背景的衬托下显得如此美丽而安详。同时，音乐也轻轻抚慰着教师紧张而忙碌的情绪，将教师疲惫的身心带入森林、带进小溪，带到美妙之境地，在音乐中教师的心灵得到滋养、得到憩息。日复一日，为音乐所浸染下的二幼教师脸庞越来越平和、亲切、温暖；语言越来越甜美、轻柔、动听；情感越来越丰富、细腻、饱满。

教育的极致是教育者本身的行为和品质给予孩子的感染和

带动，教师的心中满溢着对经典音乐无限的遐想和兴趣，我们相信孩子们也一定会有。

园长的札记

第三章
涵泳管理的思想与艺术

"阴阳和合、中庸之道、参赞化育"等中国传统文化,以及蕴含美感与智慧的艺术为幼儿园管理提供了深厚的思想源泉。营造自由、民主的园所文化,促进教师的自主发展,创新管理思维与方式,才能真正实现园所生机勃勃、可持续地发展!

我们的文化思考

教育创造人类的未来，教育与人生同步，且与人生同归。教育是一个整体性的工作，是一个持续的过程。因此，"至乐教育"着眼于两个维度：人性尺度和人生尺度。人性尺度是让每个人的天性和与生俱来的能力得到健康生长；人生尺度是让儿童今天快乐，未来幸福。

"至乐教育"源于园所文化的继承与创新。进入丰台二幼的音乐室，迎面映入眼帘的是墙上绘画着的一个"乐"字，这是2004年园所文化建设时期的一种设计与思考，我们初步形成了丰台二幼的"乐教育"文化体系。"乐"这一字符，是快乐的"乐"，也是音乐的"乐"。丰台二幼以培养"快乐、健康、主动发展的儿童"为育人目标，以音乐教育为园所特色，正可谓"大乐"（yuè）和"大乐"（lè）。与此同时，我们还提出了"用爱和梦想实现一切梦想"的核心价值观，建构了"8S"价值观体系。"乐"字表达着我们全体二幼人对促进儿童快乐成长的目标与愿望。

随着园所文化建设的不断深化与推进，2014年园所贯彻《指南》精神，我们对"乐教育"进行再次梳理，完善为"至乐教育"。虽一字之差，却是我们对于"乐"更深刻的理解，对教育促进儿童一生的可持续发展、对教师职业的成长与幸福更为深度的思考。"至"为追求，到达，我们对"乐"的理解，不仅是一个目标，更是一个过程，因此，至乐不仅在追求最终的幸福，还力图实现当下的快乐，关注教育的每一刻，重视寻常时刻的教育价值。因此"至乐"包括两个方面："至"，即在追求快乐的过程中学会发现、自主发展、主动创造。发现自己、发现世界、发现自己与世界的关系；发展自己的能力和内在精神世界；创造可能的自我和世界。"乐"，即快乐的情感；热爱的态度；自我实现的能力。快乐的情感让发现更有色彩，热爱的态度让发展更有动力，自我实现的能力让创造更有价值。至乐教育让每一个人都在至乐的路上。

"参赞化育"是"至乐教育"的动力机制。《中庸》曰："唯天下至诚，为能尽其性；能尽其性，则能尽人之性；能尽人之性，则能尽物之性；能尽物之性，则可以参天地之化育；可以参天地之化育，则可以与天地参矣。"这代表了儒家教育的最高理想，从这四个字的含义来看：

参：每一个成员都参与了新世界的创生；

赞：每一个成员都赞助了共同体的运行；

化：每一个成员的活动都在转化自己生存的环境；

育：每一个成员都在共生的环境中孕育自己的新生。

"参赞化育"这一机制说明了在一个生生不息的创造过程中，每一个成员都是一个动力单元，整体的丰富性源自于保存每个成员的个性。教育要充分尊重人的主体性，让每个人的潜能与智慧得到释放与发展。

丰台二幼办园宗旨"为积极的人生奠基"的实现，需要依托"至乐教育"这一办园思想体系，自由的育人环境，主要包括让儿童"乐在其中"的教育活动、享受创造的教师队伍、互助并生的家园体系、为儿童一生奠基的至乐课程、自由且美好的育人环境。

一、开设遵循"儿童内在节律"的至乐课程

至乐课程的基本主张：课程是源于幼儿内在需要的自主课程，是回归幼儿生活的生活课程，是适合幼儿学习方式的游戏课程，是关注个体生命价值的生命课程。至乐课程的课程定位是"整合、均衡、开放、多元"。整合，即领域、目标以及各种教育资源相互渗透形成整体；均衡，即教育内容、教育方式搭配、活动时间分配合理；开放，指课程的建构、选择和参与形式自主自由；多元指课程的构成板块、组织形式多种多样。

由此，我园形成了由三大板块组成的至乐课程体系：五领域教育板块、自主游戏板块（社团活动、区域游戏、户外游戏、幼儿自发游戏）、园本特色教育板块（浸润爱、陶冶美、激发趣的课程）。通过课程体系三大板块把世界与美好带给儿童，力图帮助每一个孩子找到自己的生命价值，让儿童自由而欢畅地幸福成长。

二、培养"享受创造"的教师队伍

丰台二幼教师有"三乐"：在成就儿童中享受创造之乐；在成就自我中享受成长之乐；在成就团队中享受互助之乐。

"至乐"是园所给予教师们的一种力量，我们支持教师追求至乐，成就教师达到至乐，让每一位教师觉得自己真行，从而变得更行，享受创造教育的幸福。我们坚持特长教师培养之路，坚持教师的自主、自助成长；我们有四个自主服务小组，有骨干引领的专题研究小组，有教师自我发布的研究课观摩课等；我们每一项管理措施都是让教师确信，自己是有特点、有独特能力的人。

老师们在自己的擅长领域里认出自己,并由此走向了一条创造之路。在二幼这座郁郁葱葱的乐园里,每一棵树都有自己的姿态,教师知道自己该如何去生长,因为他们的根深深地扎向大地,找到了地泉。我们坚信支持教师就是支持儿童。当老师知道如何成为最好的自己的时候,就懂得了如何支持儿童成为最好的自己。

三、开展"乐在其中"的主题活动

丰台二幼的至乐教育倡导"让儿童按照自己的内在节律起舞"。这里的至乐"是一种积极的态度,一种主动发展的方向"。为此,我们为儿童积极创造和搭建实现"至乐"的舞台,培养儿童具有达到"乐"的一种能力。

1. 用节日之花,绽放生命的美丽

孩子们最喜欢的就是节日,节日是生活之树绽放的花朵。丰台二幼有音乐节、绘本节、故事节、游艺节、美食节、创意节我们让儿童在丰富的节日中去创造与享受。绘本节里,孩子们讲绘本、画绘本、编绘本、演绘本,体验制作绘本图书的乐趣。合唱节里,孩子们、家长们一起唱响童年的歌,歌声里唱出童年的欢乐。故事节里,孩子们讲着妈妈的故事、奶奶的故事、班里的故事,故事让孩子们懂得了人生的丰富与美丽。

2. 用花样社团,培养生命的乐趣

园所有香喷喷烘焙团、越玩越乐乐高团、稚美童音合唱团、小小发现摄影团、惟妙惟肖配音队、快乐转转足球队等,孩子们依照着自己的兴趣、爱好选择入团,丰富着自己的生活与快乐,寻找着生命中潜在的乐与趣。

3. 用小小舞台,创造生命的精彩

小小舞台是孩子们展现精彩的时刻。我们有三个舞台:其一"乐动小舞台",是晚离园时在操场上由各班儿童和家长自己申报项目自由表演的一个30分钟的自主舞台,舞台展现的内容有才艺展示,如童话剧、舞蹈、唱歌、相声等。其二"乐讲小课堂",孩子们把自己所知、所能特长与爱好展示并讲给大家。其三"乐创展示台",孩子们展示自己的插片、折纸、美术、手工创意作品等。小舞台、大精彩在于"舞台是每一位儿童的",人生的舞台属于每一个人。

四、构建"互助并生"的家园体系

家庭是儿童教育的基础。"至乐教育"认为,最好的教育是陪伴,"至乐教育"是所有的参与者相互协调、相互融合的整体,在互动互促中共同成长。因此,我们构建了家园"互助并生"的至乐体系,概括为一个关系、两级家长委员会、三个团队、四同目标。

1. 一个关系

幼儿园与家庭是教育伙伴和朋友关系,我们做到活动的共同策划,班级的共同管理,课程的共同构建,儿童发展的共同评价。

2. 两级家长委员会

有园级家委会,班级家委会。有些班级家委会还分为策划组、宣传组、信息技术组、文案组,还有后援团等,这样上下统一确保家园共育的落实到位。

3. 三个团队

家长伙食智囊团、教育技术和资源支持团、质量监督评价团。三个团队的参与扩展、提高了园所教育的宽度与深度,家长们在参与中、赞助中领悟"至乐教育"的核心价值与目标,转化并创造自身的教育能量。

4. 四同目标

幼儿园与家庭教育达到同步；教师和家长达到同心；园所和家庭达到同力；教师、儿童、家长达到同长。

五、创设"美好开放"的园所环境

环境影响儿童的内在精神活动，最好的老师是环境，儿童是在与环境互动中不断完善自己的身、心和灵性。我们提出在艺术、精致的物质环境中浸润儿童美的心灵，在美好、温暖的人文环境完善儿童的人格，在自主、开放的环境激发儿童的创造。

二幼的环境是由精心布置的儿童作品和艺术家作品共同构成，相映成趣，形成了二幼独特的如艺术馆般的环境风格。在这里，儿童是美的环境的创造者和享受者。

营造"爱"的氛围是我们育人环境的核心，我们让爱在幼儿园传递、生长，开展把爱传出去的系列活动，开展"最美教师""最温暖的爸爸""和谐班级""爱的小使者"等评选活动，在爱的循环中为儿童营造自信而积极的成长环境。

自主、开放的环境是激发儿童创造的土壤，我们开展了"我的班级我做主"等活动，让儿童参与创造环境、让儿童参与课程构建，户外体育区构建交给孩子，班级区域材料的添置与儿童共同商讨决定，真正做到孩子是环境的主人，环境来源于孩子，服务于孩子。

随着幼儿园的实践与研究的开展，丰台二幼"至乐教育"日渐完善。我们将秉承"至乐教育"的理念，用"至乐教育"推动幼儿园发展，用"至乐教育"浸润教师、儿童发展，最终实现"为积极的人生奠基"。

一阴一阳谓之道

——建立阴阳思维，让管理更自由

　　易中天在《中国智慧》一书的第一章谈及《周易》时，曾经讲到学习《周易》的心得就三条："抓住根本、掌握规律、建立系统。"他讲道所谓的"根本"在周易看来就是阴阳，世界变化的规律就在阴阳关系之中，天地万物、世间的一切由此而相生、相克、共存、转化。

　　细味之下，我感觉对于学校的管理而言也颇有可资借鉴之处。作为管理者，我们也应当明白阴阳之变，通晓阴阳之理。一旦你真正明白了其中蕴含的道理，对于人生、对于世事就会怀着一种超脱、释然的心情去看待。当你知道任何事情、任何事物都有阴阳两个方面，都是你中有我、我中有你，偏执于其中任何一面都是违背规律的做法，你就会意识到只要手心不要手背是不可能的，只要白天不要黑夜是不可能的，教师工作中只要成绩不出问题也是不可能的，青年教师只要活力而不允许经验不足不可能，老教师只要成熟而不带一点暮气不可能，一件事情只要完美不出一点瑕疵不可能，一个园所都是好事没有一件坏事不可能，一个人身上都是优点没有缺点不可能，一个园所每个时期都在巅峰没有低谷亦不可能。因此，我们才会理解、宽容一个人的不完美，欣赏一个人的优点，也理智地看待一个人的缺点，我们不会求全责备，因为我们知道在安排工作的时候，也许一件事情应交与某人去完成，而他对于另一件事情则未必胜任。

比如，上级主管部门让我们选派一名干部去教委挂职锻炼一年，我第一个提名让教育主任去。道理很简单，其一，从长远来看，教委提供了一个幼儿园无法提供的高质量平台，这是一条人才快速成长的快车道；其二，由教委为我们培养干部，何乐而不为？其三，主任自身的渴求和期望，既珍惜这次难得的锻炼机会，也感谢园领导对其本人业务培养工作的重视和支持，挂职回来后也必定会拥有更强的工作能力；其四，其他教职员工在主任离开的期间，独立工作和锻炼的机会也大大增加。反过来看，其负面影响不过两点：其一，园所一位主要工作人员的离开，势必会留下一些空缺和工作需要其他的教职员工分担，每个人都会比以往稍显辛苦；其二，主要负责领导的离开也许会在管理上和生活中为园所工作带来一些风险和困难。因为这样阴阳二元的思维，我们没有任何纠结，高高兴兴地让主任挂职去了。我们知道未来的问题会出现在哪里，我们清楚、问题的出现是正常的事情，因为我们早有心理准备。

我时常跟其他管理者说："懂得'阴、阳的理论'我们就知道了事物的根本，知道了根本就会掌握规律，我们就不会急躁，不会纠结，心胸会豁达，做事不妄为，就会少做事倍功半的事情，少干一刀切的事情，少做拿一把尺子去量所有人的事情，少做一些缺乏准备的事情，就不会把事情简单地想象成只有单纯的好或者单纯的坏。我们的管理就会宽松而富有人性化，眼中就会多了许多可爱的老师，自然，也就拥有了化坏事为好事的思维和能力，这就是"阴阳对立、二元同一"的辩证思维方式的魅力。

隐恶扬善

——中庸思想在幼儿园管理中的运用

子曰:"舜其大知也与!舜好问而好察迩言,隐恶而扬善,执其两端,用其中于民,其斯以为舜乎!"(《中庸》)

孔子说:"舜可真是具有大智慧的人啊!他善于征求别人的意见,又善于分析别人言语中的含义,隐藏不好的意见,宣扬好的意见和建议。过与不及两端的意见他都掌握,采纳适中的用于老百姓。这就是舜之所以为舜的地方吧!"

不偏不倚、无过无不及的中庸之道,既是领导的艺术,又是一个人胸襟宽广、气度之宏大具体所在。在二幼的工作经历中,中庸的思想给予我诸多的启迪与思考,也收到了良好的管理效果。

人皆有羞耻之心,隐恶扬善,顾名思义就是对于一些不好的行为和事情不公开,私下处理最为稳妥,而对于一些优秀的、美好的人和事迹则需要大力宣扬。扪心自问,我在二幼从事幼教事业十多年来,从未在全园会上点名批评过任何一个人,并不是没有犯错误的人,没有需要批评的事情,而是我始终秉承中庸的思想和理念,坚持躬行"隐恶扬善"这一古老的处理方式。

记忆中有一年的春天,全国连续发生了数起校园安全事件,一起接着一起，一波未平，一波又起，为什么？一个主要的原因就是忽略了"隐恶扬善"这一有效的行为管理方式，网络、报纸、电视等媒体的大肆宣扬和过度炒作，导致社会上其他人纷纷群起而效尤，既引起了社会的过度恐慌，也为某些对社会不满的消极人员发泄怨愤起到了潜在暗示作用。在这件事情的处理上，公共媒体起到了不良的舆论导向，责任无可推卸。

"庸者，常也"，中庸思想的核心就是它是一种常态下的行为和理念。以"中庸思想"为指导的理念多年来始终贯穿于我对二幼的管理工作中。全园会是园长倡导价值取向、阐述价值标准的重要机会和场合。每月的月末总结，我都会通过班长自我总结和主任汇总把一月内园内的工作亮点和详细汇报梳理清楚，如"谁加班加点了，谁带病坚持工作了，谁的家人生病，而没请假了，哪个班组的家长工作有新意了，哪个班组幼儿常规进步了，谁班的卫生工作护理特别细致了，班里新的学习故事怎样发生了"等等，全园几乎三分之二的教师都会受到表扬。此外，我们也会不断安排工作上有创新、有亮点的班长、教师在全园会上做班级和个人经验介绍。为什么？因为我所致力于达到的目标是："每一名为组织、为园所付出努力的人都应该得到尊敬与赞扬"，应当让每一位在座的教师都明白自己要向各方面的优秀和先进榜样学习。"我加班到8点，原来还有加班到10点的""我没请假出全勤，竟然还有带病坚持工作的""我的班级微信一周发一次，原来别的班级一周居然发两次""人家的教育创新果然比我的班级做得更好"，老师们听来听去，心底会自发地进行对比，认识到自己在某一方面有特色、是强项，而别人在其他方面则优势明显，与之相比还有很大差距，还要继续努力。这样就会在教职员工之间营造出你追我赶、相互进步的积极氛围来。如果反其道而行之，管理者总是在不断地指责员工、批评下属，那受批评的人则会蔫头耷脑，消极怠工，甚而会破罐破摔，影响整体工作的推进。

所以，躬行"隐恶扬善"，全园会一定要开成表彰的大会、团结的大会、胜利的大会、鼓舞干劲的大会。要把每月一次的全园会开得老师们都想开，愿意开，盼着开，因为那是精彩二幼人的舞台，是勤奋者、优秀者光荣的舞台。

第三章 涵泳管理的思想与艺术

合理的评价标准是惠及大多数人的标准

一、评价管理是把双刃剑

管理就一定会有评价,评价的正效应起着标准导向、追求公平、积极情绪、推进工作的作用,与之俱来的负面影响则包括可能引发竞争、引发矛盾、引发消极情绪、影响工作质量。犹如太极的阴阳鱼,一个正循环,一个负循环,二者在不断地发生、转变。"智者之虑,必杂于利害"(《孙子兵法·九变》),一个优秀的管理者会善于把握其中的利与害、好与弊,尽量把不利因素转化为有利的因素,使二者形成良性的循环、互动的过程。一个聪明的、精心的园长,在日常的行政管理和园所事务中,会时刻念及这一点,因为他知道"恶性循环显然绝不是我们任何一名管理者的初衷"。

二、评价=成功;评价≠失败

管理中有一条"二八定律",也称为"巴莱多定律"。19世纪末20世纪初意大利经济学家巴莱多提出并构建的理论。他认为:"在任何一组东西中,最重要的只占其中的一小部分约20%,其余80%尽管是多数,却是次要的,因此又称二八法则。"

在园所的日常管理中,我是这样理解并运用这条定律的:当你追求20%的人获得成功,就意味着让其余80%的人失败,那就意味着是我们自己在寻求对手，在激发大家的负面情绪，在寻求管理上的失败。所以，具体到幼儿园所管理者需要把握的一个根本性问题，就是每一次评价考核都要确保80%的大多数教师取得成功而不是失败，要让多数的教师看到自己的成绩而不是达不到标准，要让大多数老师得到奖励而不是扣发奖金、受到批评。

老子《道德经》中有这样一段话："不尚贤，使民不争；不贵难得之货，使民不为盗；不见可欲，使民心不乱。"通常的解释是不崇尚能人贤士，使人们不去争权夺利；不珍爱难得的物品，使百姓不思偷盗与占有；不宣扬、不接触引起人欲望的东西，使百姓心思不致混乱。我对此的理解则是反其道而用之，我们的日常管理手段就是让大多数人、80%的教职员工都成为"贤"，大家觉得"好"和"贤"。这是人类认知的天性、自然而然的事情，老师们都能为园所、为工作尽职尽责，把最好的、最优秀的老师树为学习的先进和榜样，"举直错诸枉"。另外20%的教师自然而然会感到压力，会受到鼓舞，会激发动力，从而达到"能使枉者直"的目的，取得相互促进、共同提高的效果。你推选正直、善良的人，把优秀的一面拿出来，不断地加以表扬、鼓励和提倡，校风、校气就会为之一变。孔子说："子欲善而民善矣，君子之德风……"管理者一心为善，民众也会跟着行善，君子的品德犹如风行草上一样，教化民众。如果一个单位、一个集体的领导者能够不断地把有才能、有修养的人才放到合适的工作岗位上，把正直的人推出来放在大众之上，坚持弘扬和倡导正义的一面，不良的一面就会逐渐萎缩、消减，错误才能被调整、改正过来，这是一种智慧，也是一种仁爱！

三、确定合理的评价标准

管理目标的明确，意味着标准的制定与统一。我们以80%—90%的教师可以达标的原则去制定。对于以班组为单位的考核方案是，只设达标标准、没有名次排列，不设一、二、三名，如环境评比、操节评比、常规评比、卫生评比等。达标的班组均以每人30—50元的标准给予奖励，不达标的班组给予两周时间复评，期间不扣款，也不奖励，两周后复验不合格再扣发相应金额。以班组为评价单位，既有利于凝聚班组的人心，提高班组向心力，也从一个方面对班长的责任进行了强化。至于教师个人的评价，则通过骨干观摩研究课、青年教师研讨课、特长教师展示课、电子白板课件制作等方式进行，我们不排名，也不设奖励。因为我们相信大家的眼睛是明亮的，每个人心中自会有各自的评价。优秀的教学课我们会推到全园进行教师观摩，好的教学课没有节数限制，颁发全园观摩证书，作为以后评职称、晋级的依据，这无疑是极公平的一项举措，能者多劳，多劳者多得，不违背奖优罚劣的基本原则，更有利于提升士气。

所以，合理的标准意味着优异的管理。二幼在行政管理的体制和具体运作时，我们把评价标准的合理制定这一因素充分考虑进去，把某一项具体管理措施在日常管理中所带来的有利因素和弊端考虑进去，然后优劣对比，把不利转化为有利，确保标准在、质量在、和谐的氛围在，优秀的工作成绩也水到渠成、自然收获。

谨防过犹不及在人员管理中的危险

"过犹不及"是孔子在与其弟子的谈话中告诫子贡的一句话,它的意思是说,任何事情做得太过头就跟事情做得不够一样,都是不好的。这句话告诉我们无论是为人处世还是待人接物,都需要考虑和把握好一个"度"的问题,疏忽了做事和管理中对尺度的把握就容易出现问题。

领导一个园所,我们一般都有自己喜欢或看好的教师,比如自己班子内的成员,比如个别骨干教师。这些教师在工作上的表现自然是有思路、有水平、有干劲,也有成绩,而此时,作为园长,正是需要领导艺术的时候,对任何一种表扬都要恰如其分、要准确。扬之过度,给予过高的荣誉、过度的褒扬、过多的奖励,往往容易使年轻的教师不自觉地为之飘飘然、傲慢自大,慢慢听不进别人的意见,耳朵里只能听表扬而容不下批评的声音。

我曾经接触过幼教系统的一位优秀教师,在该园园长的培养下进步很快,业务很突出。园长爱才心切,在不同场合、不同人面前都会极力加以夸赞,在这名骨干教师获得市做课一等奖后,还特意以园所名义奖励教师一万元,各种市、区园所的荣誉也自然如万千宠爱般集于一身。但几年下来,大家却发现一个出乎意料的结果：教师与园长之间慢慢变得疏远，变得不和，甚而矛盾激化，最后以教师调离园所，不欢而散而收场。这其中当然有很多原因，但我想其中一个最主要的原因就是园长的表扬与鼓励要恰当、要适度。成绩固然出自于这位教师的自身努力，但要让他认识到自己成绩的背后是园所这一集体的努力、是集体的智慧、是组织的关怀。作为一园之长，其眼光和视野应当比普通的教职员工更为长远、更为独到，怎么可以将所有的荣誉与成绩归于一个人？她应当让这名教师懂得："没有园所这个集体，就没有实现自己价值的平台与可能。"在培育教师成长的同时，帮助教师懂得感恩、懂得合作，也许这也是对教师成长的一种关爱和保护吧！

因此，每当园所中有教师去参加市、区的比赛，我们都会全力以赴支持她、帮助她成功，教导她代表"二幼"这一集体去比赛，去为"二幼"这一集体争光。取得成绩后，我们大家一起分享快乐，分享幸福，我们会表彰所有参与其中、为此贡献出自己智慧的每一名教师。因为我们是一个整体！

"扬之过度"与"抑之太甚"是事物阴阳、正反的两个方面，过度的贬低与打压如同过度的赞美与褒扬一样不利于教师的成长，不利于园所的发展。褒扬的滞后与奖励的吝啬在管理中有着相同的危害，它会削弱老师们的士气。一位教师做了一件非常有意义、有价值的事情，如果园长视而不见、听而不闻，不能给予适当、及时地鼓励，慢慢地老师们就会失去工作的积极性，失去向上的动力和干劲。我们园所有一位颇具音乐天分的声乐教师蓓蓓，热爱音乐，业余钢琴十级，在园所没有任何要求下主动为幼儿园作词谱曲创作园歌与幼儿之歌。为此，我们在全园会上对蓓蓓老师进行了表扬，奖励 600 元创作费，并出资将这些歌曲灌制成录音带，作为正式的丰台二幼园歌和幼儿之歌，使这位教师在自己的特色道路上走得更加坚实。

对待批评，每个人都是一样的，一个人总有缺点和错误，只要工作就难免会出差错。因此园长要掌握好批评的度与量，小小问题犹如蜻蜓点水，一带而过，让老师意识到就好，而涉及到教育教学、职业道德、人品人性的大问题，如体罚或变相体罚幼儿、师德等情况则又不可马马虎虎，轻易放过。

如此，老师们就会在园长恰如其分的批评与表扬中知善恶、明是非，就会在工作和学习中找准自己的位置，把握好进退的尺度，进而实现自己的人生理想和追求。

再谈过犹不及在幼儿园制定工作标准中的作用

幼儿园工作中有很多的标准，如间操评价标准、进餐常规评价标准、卫生评价标准、环境创设评价标准、活动区材料环境评价标准、骨干教师评价标准、特长教师评价标准、青年新秀评价标准、优秀班组评价标准、优秀教师评价标准等。

标准是对教师、工作的导向，是一把尺子。因此在制定园所标准这把尺子时，就要运用"中庸"这一传统文化思想赋予我们的智慧。易中天说"所谓中，就是不走极端；所谓庸，就是不唱高调"，"中庸"就是最合适，不过，也无不及。依据园所的客观现实与水平去制定标准，既不好高骛远，也不妄自菲薄，否则就是给自己出难题，找麻烦。

以评选骨干教师为例，此次自己参加了区幼儿园督导工作，被督导的有不同类型园所，部门园、部队园、街道园、村办园、私立园等。由于各园性质不同、基础不同、办园时间等不同，各园办园水平、教师队伍能力水平上会存在一定的差异。一些园所教师流动性较大留不住人，因此形成不了骨干人员，这些因素使园所对骨干队伍的培养失去积极性，一个园所找不出一名骨干教师，并掉入恶性循环之中。

我想，这大概是园所对骨干教师的定位和期望高了。园长一定要制定符合本园队伍实际的骨干标准，不可求全责备，标准过高，让教师看到离自己不是很遥远的努力目标，跳一跳就够得着。如果老师们无论付出怎样的努力都难以达到，他们就会放弃努力与追求，一定要懂得从矬子里选将军。如果园所没有了先锋战士，无法形成一支领头羊队伍，没有了积极示范作用，就会是一盘散沙，失去方向和追寻的目标。因此对于骨干标准要循序渐进，激发教师的内在愿望。比如可以建立特长骨干教师机制。所谓特长骨干，就是某一方面见长，不要求全能。对于每一个骨干教师而言，他们最初的成长不可能面面俱到，必须要由某一方面的专长作为成长的突破口，以专长的培养引领其他方面的提升。如音乐教学好、数学教学有优势，园所要用人之长，在使用、欣赏、肯定中去不断完善，形成一批园所的特色教学骨干。还可以依园所情况，分层次设立骨干。如区级骨干、园级骨干、年龄组骨干、园保育员骨干，让每一层老师都有努力的目标。

当然，我们的标准又不能就之过低，如果标准制定得过低，也会使教师们安于平庸，安于得过且过，安于饱食终日、无功又无过地混日子状态，那同样意味着标准制定的失败，那就失去了评优的意义，会使大部分教师丧失追求的目标与动力。因此，园所标准的制定应当遵循"无过无不及"的中庸思想。

此外，在园所的评选标准方面，我们还有一定程度上的灵活和变通。比如在青年教师基本技能考核达标中，我们设定了优秀标准、达标标准两个等级，既有基本技能考核，也有个人才艺特长展示，以此让具有不同工作能力和艺术特长的教师都能有展示自己优势和弥补自己缺陷的机会。

多年的园长经验让我体会到"管理就是要实事求是，不走极端，不唱高调，用切实可行的标准引导、规范园所的工作，促进教师们的成长。这才是管理的标准和尺度"！

让"和"的理念推动管理迸发新活力

孔子说"君子和而不同,小人同而不和","和同"的思想在我国由来已久。《国语》卷十六《郑语》里记载了宣王之弟郑桓公与周太史的一段对话,在论及天下大势及各诸侯封国运势消长的时候,史伯说:"夫和实生物,同则不继",意思是说阴阳协和则万物滋生,一切欣欣向荣、生机勃勃。如果事情千篇一律、人事雷同那就难以为继、没有发展的前途。

关于管理,我们在认知上一个经常的误区是:"在管理中希望'同一',一个决定一致通过,一件事情一致同意,一项标准一致达标。"然而,随着创新与个性时代的到来,我们感觉"同"的思维模式,已日渐成为束缚、捆绑我们的一根绳索。新时期尊重个性、崇尚差异、追求变化的时代精神让我们体认到"和而不同"的无比丰富与多元统一。"海纳百川,有容乃大",管理者、决策者的心胸决定了事业的成败,成就了事业的宽度与广度。以我们熟知的李唐盛世为例,唐代疆域版图的大一统以及在政治、经济、文化等领域的空前繁荣正是基于唐时帝国文明的包容性、其所表现出来的,中和思想才使不同民族、不同文化、不同地域之间的交流和融合成为可能,"中、和"的精神和理念是李唐一代接纳、包容世界不同文化、民族、宗教并进而走向巅峰的灵魂。"和"则阴阳协调、生机焕发的理念给我们的管理带来一股清风，我们力求让"和"在管理中产生活力，力求让每一个教职员工都成为园所的动力和活力。因为，我们深知，有"不同"才能张扬风采和特性，有"和谐"才能包容自我和个性，整体的丰富和多元性源自于每个成员的个性和自我。

在教研活动中，我们鼓励教师说出自己的观点，在观点的相互碰撞中，老师们彼此受着启发，获得许多新东西；在教师的培养上，我们倾向于让每位教师走自己的特色之路，每位教师把自己的特长融于班级，融于园所的各项活动，创新出许多新的思路与样式；在班级活动方面，我们致力于让不同班级展示不同的班级特点，音乐、美术、歌唱、体育、科学、烹饪让园所的活动推陈出新、层出不穷，擅长电脑制作的老师与音乐教师的有机结合，使音乐课的音乐与画面更加的美丽、吸引儿童；食堂的重要性不言而喻，我们集和园所食堂教师、儿童家长、老师们在一起集思广益，并向外邀请高级营养师和烹饪专家共同参与，制作出营养丰富、品种繁多、花样翻新的粥、点心、面包等多种主、副食和蔬菜，受到全体师生的一致欢迎。

二幼一直保持着每月一次的月工作总结，每位班长根据自己班级的特点和工作创新与大家进行分享。其他班长在聆听与吸纳的过程中获得新的启发和思路，因此，二幼老师们在班级工作中总因他人的启发而不断有创新。每个教师、每个班级都有着让人为之喝彩的闪光之处，慢慢汇集成为二幼历史中灿烂的教育星空。这便是"和"的力量。"和"不是简单的相加，而是在碰撞中产生化合，迸发出新的东西。

在每年园所的重大活动方案制订过程中，我们都会依据不同的主题，认真听取不同方面的意见和建议。如在园所的LOGO设计上，我们广泛征集教师、家长、其他园所、领导、画家的意见，最后确定完成；在园所的环境文化设计方面，我们请专业的画家到校听取老师们的意见；园所的读书节活动，各班在班级网络上广泛征集家长建议，由班级家委会最后确定主题和具体内容，再由园所统一安排，使大主题下的各班活动丰富多样，异彩纷呈，大大拓展了园所读书活动节的内容与形式，深化了活动的内涵与价值。

强调"和"的同时，是否意味着"同"的淡出或者弱化？或者说，"同"是否还应该存在于我们的管理之中呢？我认为一定还在。"同"是一致，没有差异，"同"要运用于决策的执行力上，一旦"和"的过程达成，剩下的就要靠"同"来实现。"同"使好的决策、任务得以实现，是完成目标的根本保证，"同"意味着同心同德，意味着齐心协力，大家心往一处想，劲往一处使。"和同"并存，知其所短，用其所长，混同而合一，这才是我们管理上的活水源头。

"毋意、毋必、毋固、毋我"对干部管理的启示

《论语·子罕》卷中说:"子绝四:毋意,毋必,毋固,毋我。"这段话的大意是孔子反对四种偏执的思想方式——"意、必、固、我"。"意"就是凭空猜想,"必"则是绝对肯定,"固"指的是固执己见,"我"意味着以自我为中心,固执己见。这四者相为终始,起于意,遂于必,留于固,而成与我。"绝四"是孔子思想的一大特色,涉及到人的道德观念和价值体系,人只有首先从思想上断绝这几点才可以达致道德完善、人格高尚的品德修养。

幼儿园的干部虽然不是多大的领导,但在园所日常的行政管理中,依然需要完美的个人修养和道德品质,需要从思想上、认识上对这四个方面的危害加以戒除和警惕,才能当好干部用好权。

"毋"的意思就是"无","意"就是个人私意、想当然,对待生活中、工作上的问题仅凭一己之私意、想当然地凭着主观意识去做事,这想起来就可怕。"毋意"就要求我们园所的领导干部在办理事情、处理问题时不能凭老资格、老经验,不能自以为是领导就以自我为中心,想当然地认为自己处处就比教师的水平高,而应该深入地去调查研究,认真地了解教师、

儿童、家长的实际情况，无论做出任何决定都不可以想当然、先验论。这样才会使管理切中要害，及时有效，老师才会心服口服。比如在干部班子会上讨论或说到什么人、什么问题时，我们都会让干部详述问题的成因、说清事情的缘由以及解决的办法；说到一个管理策略时，我们也要让干部说明管理策略的目的，管理的程序、管理的预期效果，杜绝干部拍脑门或带着自己的主观臆断去实施管理。

"必"指的是绝对肯定，"这件事一定是这样的""这个问题就这样"，办事一根筋。"毋必"要求我们对任何事情都要多问几个"为什么"？要我们学会辩证地、全面地看待问题、分析问题，要看到问题背后的原因，并能多角度去领会和加以解决。世上的任何事物都是由多种因素构成的。园所教师、家长、儿童个性各异，园所事务纷繁复杂，这就需要我们干部的多听、多看、多研、多学、多思、多问。这是干部的一种管理能力，更是干部的道德修养水平。因此我们提倡管理干部运用阴阳二元思维，学会从正反两个方面看问题。一件事情来了，我们会认真思考，比如遇到家长反映教师这种情况，我们既不会全听家长的一面之辞，也不会全听教师的自我辩解。不会单纯地认为对于园所声誉而言这就是坏事，而是觉得"阴阳相生相成，正反相辅相成"，从这件事情里我们可以体会出家长对园领导的信任，可以把它转化为工作上的动力。这样的思维和管理方式促使我们的管理视野更宽广，管理站位更高远。

"固执己见，死心眼"和"自私自利，处处以自我为中心"是孔子提到的另外两种应该极力加以避免的行为方式。"毋固"要求一个管理者要学会善于倾听和接受别人的意见与建议，善于思考别人观点中的价值，有能力整合借鉴别人的见解和观点，提升为新的认识和思路。一个管理人员如果总是固执己见，就会阻碍这个集体的进步，也会禁锢集体成员的思想开放性，必将会把团队带入死胡同，发展的道路会越走越窄。因此，心胸要宽广，气度应恢宏，要屈己容人，"自见者不明，自是者不彰"，虚心以待人、谦恭以处世是一个人的品格，更是一个人的修养，一个人的智慧。"毋我"则要求领导干部放下架子，放下职权，俯下身子，以一名服务者的角色去真诚地服务教师、儿童、家长。凡事站在公平、公道、公正的位置，少存私心，把自己摆在最后。干部也是人，不存私心不太可能，但要力求少一些自我，少一些私心。切不可高高在上，以为自己是真理的化身，自己一定是对的，自己比谁都了不起，要明白尺有所短，寸有所长。

"中庸"强调不走极端，既不自以为是、自高自大，也不自私自利、自卑自轻；既能做到力排众议、坚持己见，也要虚怀若谷、从谏如流；战战兢兢，如临深渊，如履薄冰。"毋意，毋必，毋固，毋我"八个字虽然简单，却需要一个人凝神存志，不断从思想上、品德上时刻去磨砺自己，需要一辈子的努力与修行！

一块砖和半块砖的功用

我与张书记聊天时说到班子建设，张书记说："你真该好好总结一下，为什么你们的班子如此的团结一心，同心同德，富有战斗力？"我说："其实我们班子的成员也不是各个都又聪明、又能干，又全面。"张书记说："一个房子盖成，肯定不会都用整块砖，一定会有半块砖，而且有时候还需要把整块砖切成半块砖，各有各的用途。"这句富有哲理的话让我思量了很久。

在自己的管理中，我总是心怀种种期望：张老师有杨老师的教学能力和水平那该有多好！陈老师有李老师的总结书写能力就更完美了；吴老师如果具备了张老师的行政能力与魄力那将是多完美的一个人才；王老师假如再辅之以李老师的口才与干练那就又是一员干将；杨老师活力四射、粗犷外向，如果考虑问题再细致缜密些会更好；王老师秉性善良、为人宽和，但工作能力一般，总感觉差强人意。我苛求着、希望着每个人更完美，能兼具所有人的优点。我盯着别人的短处，却全然忘记了老子所讲的"难易相成，长短相形……"，忘记了尺有所短、寸有所长的古训，忘记了金无足赤、人无完人才是人间的常道，才是恒久的常理。

也许二幼班子建设的成就正缘于此，我们相互之间的不足与互补恰恰构成了团队和谐、统一的基础。王老师的柔和舒缓着杨老师的急躁；陈老师的事无巨细、面面俱到使事情思考得更加全面深入；与陈老师吹毛求疵、眼里不糅沙子相比，小杨同志的柔和甚至近乎软弱的管理给老师们在紧张忙碌的工作中留出些许小小的喘息空隙。班子里每个人对自身不足的自省与反思，使每个人都对别人的价值与作用更加地理解与尊重。

"半块砖"的智慧在每年分班的过程中都淋漓尽致地体现着。每当这个时候，我们往往都会将老师们的性格、特长、特点、能力等等进行匹配和中和。尽量让班中的每个个体能够从彼此身上学到更多东西，吸纳更多的养分。特长和性格上的互补也能够让老师们在工作中碰撞出更多创造的火花。

"人尽其才，物尽其用"，一块砖与半块砖在价值上没有可比性，关键看能不能发挥其特点，把它用在合适的地方。使用得当，半块砖不嫌小；位置不适合，一块砖都多余。人类的十个手指在长期的进化过程中变得长短不一，每个指头都有各自的功能与特点，十指不齐才有了今天我们灵巧的双手。七个音符，有高有低、错落有致才能谱成优美、奇妙的旋律。作为园长，既能用长，也能用短，正如兵法上所说"运用之妙，存乎一心"，能让所有的人各安其位、各用其命、各展其长，这才是真正的用人之道！这才是真正的智慧！

"黑中见白"的思维方式

青年教师入职,身上有很多不足是必然的,工作中出现问题、出现失误也是很正常的现象,这是他们成长中不可逾越的一个过程。不出现问题、没有错误于刚出校门、步入工作岗位的青年教师而言几乎是不可能的,当我们领导明白这一点后,就会对青年教师身上所出现的问题予以理解、予以宽容,甚至报之以淡淡一笑。那一笑的从容,是对以往青涩回忆的会心,是对规律的尊重,是对未来的憧憬。

记得一本书中讲述了这样一个故事:一位联合国秘书长在美伊战争即将爆发的前夜,去伊拉克进行斡旋,并在很短的时间内缓解了冲突的激烈度,延缓了战争爆发。当人们问他:"为什么全世界都只见到战争的来临,而你却看到和平的曙光?"这位秘书长没有正面回答,而是给大家讲了一则自己中学时期的小故事。他说:"中学时期,曾经在一堂课上,一名老师拿出了一张白纸,纸的中间有一个黑点,他大声问同学们:'你们看见了什么?'全班同学几乎是在用同一个声音来回答:'是个黑点!'老师说:'这么大的白纸你们都没有看到吗?黑暗真有吸引力。'整个教室顿时鸦雀无声。然后,教师又拿出一张黑纸,中间有个白点,当他再次提问:'同学们,这回又看

见了什么？'同样是异口同声说：'一个白点！'老师欣慰地说：'太好了，无限美好的未来在等着你们！'"

我们的领导在对待教师，特别是青年教师的时候要建立起这样的视角、这样的思维方式，不能只盯着老师的那一点问题，而忽略了那一片美好。教师们在善意的鼓励下，在轻松的讨论中，在如和风细雨吹过的问题后，优点会一天比一天多，进步会一天比一天快。这是一种积极的正能量，传达给周围人的是认可和鼓励。我们带着这样一种思维的方式看待老师、影响老师的思维，无论老师们在生活中经历过什么，他们在工作中一定能够形成这样一种积极的思维，支持他们用一种美好的、阳光的心态接纳不完美。

有了这样的管理思维，有了这样的管理策略，今天的二幼不仅使教师的自身得以顺利成长，他们在日常的学习和工作中也自然而然效仿着这样的方法去看待孩子们，看待周边的同事。和谐美好的园所文化，积极阳光的善观正念，黑中见白的思维方式在二幼生根开花，这是二幼多么值得骄傲的管理文化呀！

让自由飞翔在二幼天空

不断地反思管理,不断地反思人生,对自由的理解就越清晰、越强烈、越渴望。"自由"英文为"freedom, liberty, latitude",意思是免于恐惧、免于奴役、免于伤害和满足自身欲望、实现自我价值的一种舒适和谐的心理状态。自由既有为所欲为的权力,又有不损害他人的责任和义务。

我们这一代人,思想是在一种被统一的教导下成长起来的。记得那时我们上课要首先背诵毛主席语录,买东西要背毛主席语录才能买,放学回到家先要对着毛主席的像鞠躬,背诵毛主席语录,然后才去玩。主席最高指示一发表,全体人民群众都会自觉而统一地挥动小旗到大街上游行,然后回家睡觉。举国上下的这样一种集体行为,一种仪式,一种高度一致,把我从行为到思想都训练成为了一个没有自己意志、要求与思想的人,我的思想即是大众所有的思想,我的行为与大家步调一致,我没有了我自己。中国改革开放的30多年,自由与民主开始在中国的大地上破土发芽,创新与发展呼唤着人们思想的解放与个性的张扬,我多么想有自己独特的见解,多么想特立独行,多么想创造,于是我拼命地读名著、读哲学,想找回属于自己的东西,但我最后悲哀地发现我已经失去了成为我的能力。

我感知到童年、少年时代的自由行为、自由意志、自由思想之于人的一生是多么重要，我知道自由对于人的可贵！人生的意义，正在于自由中展现出来的美，在自由中发现自己，才能享受真正的欢乐。

认识到这一点，我想要为二幼的儿童，为二幼的教师打开一片自由的天空，让自由在二幼的天空任意翱翔。给儿童、教师更多时间的自由，行为的自由，选择机会的自由，思想空间的自由。世界著名的人类学家玛格丽特·米德曾经说过："永远不要怀疑，一小组有思想和关心的公民可以改变这个世界，事情的确就是这样。"因此在对教师和园务的管理上，我们给予了充分的空间和自由，大体归纳为10个方面：（1）教师有制定这些自由权利的权利；（2）教师有自由选择培训课程的权利；（3）有选择自身教育特长的权利；（4）有自由选择听评公开课与研讨课的权利；（5）有自我推荐观摩课的权利；（6）有选择师父的权利；（7）有申请园所各项活动主持与策划的权利；（8）有自由集结研究团队的权利；（10）有自由表达意见和建议的权利；（10）有自由调整本班教育课程的权利。这些自由和权利的空间与范围由园所全体教师共同讨论确定，之后共同遵守。

园所给予老师们的这些自由，是发展的自我选择，是对于教师个体和个性的尊重。在这里，自由为老师的发展插上了成长的翅膀，同时这样的自由也促使老师形成更多的自我约束，因为每个人都需要对自己的选择负责，对自己选择的未来负责。因而发自每个人内心的选择成为教师成长的内驱力，教师的成长的结果才真正是他们自己想要的样子。

自由带来的是生命的活力，是思想的活跃，是思维方式的多样。在二幼自由的天空下，每个人更加凸显自己的特长与能力，懂得了对别人观点的欣赏与尊重，教师更加地自信，他们诠释自由、珍惜自由、享受自由！也因此把对自由的追求和渴慕带给班级的孩子，这正是我对自由的理解和追求！

第三章 涵泳管理的思想与艺术

构建和谐园所，让教师工作在天堂

曾经读到一则故事《天堂与地狱》：有人和上帝讨论天堂和地狱的问题，上帝对他说："来吧，我让你看看什么是地狱。"于是他们走进了一个房间，一群人围着一大锅肉汤，但每个人看上去都是瘦骨嶙峋、一脸病相，他们每个人的手中都有一只很长的汤勺，可以伸进锅中。但汤勺的柄比他们的胳膊还长，自己没办法把汤勺送到嘴边，有肉汤但喝不到嘴里，只能望汤兴叹，无可奈何。"来吧，我再让你看看天堂。"于是上帝把那个人领进另一个房间，这里的一切与刚才的那个房间没什么不同。一大锅肉汤，一群人、一样的长柄汤勺，但大家都身宽体胖，正在快乐地歌唱着幸福。"为什么？"这个人不解地问，"为什么地狱的人喝不到肉汤、而天堂的人却能喝到？"上帝微笑着说："很简单，在这儿，他们都会把肉汤喂给别人。"

这个故事很简单，但却蕴含着深刻的社会哲理和强烈的警示意义。同样的条件，同样的设备，为什么一些人使它成为天堂，一些人却把它变成了地狱？因为"给予"，因为"爱人"。孟子说："仁者爱人，有礼者敬人。爱人者，人恒爱之；敬人者人恒敬之。"身为园长，应该是把园所带到天堂的人，应该致力于构建一个人人帮助别人，人人恒爱别人的园所。我信奉孔子说的"仁"，因为依我的理解，那天堂与地狱的差别就在于孔子的"己欲立而立人，己欲达而达人"的思想。自己要吃饱，首先要让别人吃饱；自己想要成功，首先也要让别人成功；自己想事业亨通，也要让别人事事通达，而园长就是那帮助每一位教师获得成功与快乐的人。因此身为园长的我，在管理的实践中一直告诫自己：要想构建园所的天堂就要做到以下四点：

一、助他人成功，为教师服务

园长的责任之一就是让园内所有人都感受到成功的喜悦。不论成功大小，园长都是那个为他们铺路搭梯的人。送主任挂职，推荐副园长走到园长的岗位，园长要处处想着让主任成功，然后主任就会让班长成功，班长引导教师成功，教师让儿童成功。每个人都要为别人的成功搭建阶梯，才能把园所构建成万丈高楼，也让自己逐渐站在了高处。己以为人而己愈有，给予别人的愈多，反诸自身的也会越多，才会在园所内形成人人为我、我为人人的良好风气。

二、常怀感恩之心，为教师纾困解难

感恩是一个人身上多么宝贵的品质呀！拥有了感恩之心的人，就拥有了幸福与美好，拥有了世界与未来。在我的管理工作中，每天都有许许多多的事情让我感动。我感恩老师们放弃陪伴自己生病的孩子而坚持工作，陪伴幼儿园的孩子们；我感恩老师们每天晚上下班回家后还不停地给家长们发微信、打电话，沟通孩子们在园的情况；我感恩老师们为了孩子们一点点的成长而欣喜和滔滔不绝地诉说，我感恩老师为了支持儿童一个让高铁跑起来的梦想而伫立在孩子身边7个小时。怀着这样的感恩情怀，当老师们遇有困难、问题的时候，我责无旁贷地挺身而出，为他们遮风挡雨，让老师们觉得任何时候都有二幼在、有园长在，如此温暖而和谐大家庭怎么会不使大家为之而努力？

三、拥有仁爱之心，为教师着想

做人的最高境界是"仁"，我相信仁爱会给教师无穷的力量与可能性。在这个大千世界中，每个人做事情的态度、方式、结果都有其背后的原因，如遗传、性格、成长的经历、现实的需要与困难、能力的制约等，人和人千差万别。而在工作上，20多年的管理让我坚信没有一个人本心是想把事情做坏搞砸，每个人都有着向上的愿望，每个人都想成为最好的自己，但不是每个人都能做好每一件事。所以，当老师们出现任何问题的时候，我们都要去追寻背后的原因，去理解和体会教师的感受，用仁爱去构建天堂。

四、遵循大"道"，为教师引路

自己的一言一行，都关乎德行与修养，人品与高下。孔子说"言行君子之枢机，枢机之发是荣辱之主也，可不慎乎"，因此，我时刻惕厉自己要努力做到"己所不欲，勿施于人"；尽量做到严于律己，宽以待人，努力使自己成为行己有耻，立身有道，处世有节，自立立人的人。多"处无为之事，行不言之教"，因为我坚信"身教甚于言传"。当你日复一日，年复一年，以自己的行为举止为大家做出表率的时候，你的修养和人格魅力一定会影响到你身边的人。

让二幼成为天堂那是一种理想，但我会朝着天堂之路的方向身体力行！

基于"参赞化育"思想的教师自主发展

"参赞化育"是我园至乐教育的动力机制,其思想渊源于《中庸》"参天地,赞化育"一章对人生的至高追求。"参"是指每一个成员都参与了新世界的创生;"赞"意味着每一个成员都赞助了共同体的运行;"化"是每一个成员的活动都在转化共同生存的环境;"育"则指每一个成员都在互依并存的环境中孕育着自己的新生。"参赞化育"的机制说明了教育与管理过程中所有参与者都是积极主动的,在这个生生不息的创造过程中每一个成员都是一个动力单元,整体的丰富性源自于每个成员个性的存在与发生。

基于"参赞化育"的思想,我认为教师专业发展的内因在于自身,管理要充分尊重教师的主体性,要为激发和支持教师的自主发展服务,让每个人的潜能与智慧得到释放与发展。为此,在管理上建立了教师四个自主服务小组,激活教师自主发展意识,激发教师自主发展愿望,让每一位教师都在参与、赞助的过程中转化旧材料、孕育新生命。

一、教师个体和群体发展的需要是服务小组形成的动源

为进一步促进教师的自主发展,我们先期开展了教师自主发展需求调研。教师的需求主要包括四个方面:(1)希望获得

更多更大的发展机会与展示平台;(2)希望得到个性化专业培训与发展;(3)希望及时获知各班教育信息;(4)老教师希望得到信息技术支持与帮助。分析教师的需求与特点,我们从中发现,不同的教师有着自己的优势和长项,他们有自我发展与展示自己优势的愿望,同时不同教师又有自己的个性化需求。结合这两方面的情况,我园组建了教育民主服务小组、信息宣传服务小组、教育技术服务小组和教师培训服务小组。组建四个服务小组源于两方面的思考:一是满足教师展示自我、实现自我价值的需要;二是挖掘和利用教师群体中蕴含的无穷的力量,调动教师参与、赞助共同体发展的主动性,发挥教师的自身优势服务他人之需,实现教师群体共同成长。

二、自主自治是四个服务小组管理的基础

四个服务小组是一种区别于行政管理的教师的自我服务组织。在人员构成方面,每个教师可以依据自己的个人愿望、能力和爱好自由选择加入某个小组,组长由大家推荐。小组的管理章程、任务和活动内容方面,均由本小组的成员自行制定。小组的日常活动由小组成员负责管理和运行,依据教师的发展需求,提出服务形式、服务内容,并在广泛征求教师们的意见后,在全体教师大会上公布通过,充分实现教师的自主与自治。

除此之外,四个服务小组还具有为教师群体争取自主发展与自由空间的权利,他们可以依据教师需要的发展变化,随时申请新的权利,力求满足教师个体和群体的发展需要,为教师提供更加及时、具体、灵活、有效的帮助,力争让教师在一个自主自由的环境中去享受职业的发展与幸福。

三、自助、互助是四个服务小组发挥职能的前提

四个服务小组旨在调动教师主动发展意识，发挥自身能量，形成自助、互助的团队。

1. 教育民主服务小组

依据教师们的主动发展的需求，在广泛征求教师意见的基础上，拟定各项教师自主权利，参与教育管理，教师自主制定的教师权利包括：

（1）教师自主决策权

①自由调整本班教育课程的权利；②自荐公布观摩课的权利；③自主发起培训的权利。

（2）教师自主选择权

①自主决定教育特长的权利；②自由选择师父的权利；③自主选择研究团队的权利；④自由选择培训课程的权利；⑤自由选择听评公开课与研讨课的权利。

（3）教师参与管理权

①自由参加"服务小组"的权利；②自由表达意见和建议的权利；③自主申请园所各项活动的主持与策划的权利；④自主拟定权利的权利。

上述 12 项权利保证了教师们拥有一个更加自主、宽松的成长空间。如园所老师们可以自由发布自己的公开课，欢迎大家去指导观摩，这里没有领导的意志、领导的强迫要求。园所中各项大小的活动主持均是教师自己争取，自主设计策划活动方案，然后提交领导审议，教师们在各项工作中各显其能，各展才华。

2. 教师培训服务小组

定期征集教师问题，根据不同年龄、不同学科背景或教师在实践中经常遇到的问题，开展主题丰富、形式多样的培训。例如，新生入园的时候开展"分离焦虑"、大班组织"幼小衔接"、青年教师的家长工作开展策略，喜欢音乐的教师想要开展好音乐游戏活动，他们就请音乐特长教师做观摩研究，等等。这种培训打破了传统园所自上而下式安排研讨内容的培训方式，为教师提供有针对性的个人或群组帮助。同时，教师培训服务小组也会依据园所当前教育需要，灵活自主发展本组团员。他们发现和挖掘教师中好的经验做法，促其教师形成培训内容和讲座，一方面推进了教师个人的成长，另一方面也促进了园所教育水平的提高。

3. 教育技术服务小组

主要帮助教师解决在教学中电脑课件制作和信息技术等的问题。该小组依据教师的需要，一对一地帮助其解决困难，并在制作辅导课件的过程中，共同研究活动的设计，研究儿童的学习。这种基于教师在实践中的问题的互动学习对于教师的专业发展更有效。

4. 信息宣传服务小组

他们把幼儿园和教师在日常工作中的好的经验和做法，通过微信平台快速收集与发布，让全体教师在第一时间学习到其他班和其他教师的经验。其意义不仅是对教师工作的认可，也是对教师自我价值的肯定，更是一种及时、快捷、实用且有效的"微培训"。

四个服务小组独立地、自由地活跃在二幼教育的舞台上，每一位教师参与、赞助、服务于彼此的发展与需要,每个人都成为促进其他个体和教师群体主动发展的活性因子。

四、互帮、互促是四个服务小组运行的保障

四个小组的运行,园所为其提供相应的活动权限和物质支持,各小组基于教师的需要,自主协调相关资源,自主解决教师困难。这里没有行政的干预和决策,组织活动更为灵活方便。

在四个服务小组中,人人都是服务的提供者,同时人人都是被服务的受惠者。每个教师由于特长、爱好和能力有所不同,每个人都发挥着自己独特的价值。青年教师的信息技术支持着老教师,而老教师向青年教师传授教学和班级管理经验。每个人在参与中、服务中认识了自己、展示了自己、成就了自己,在被服务中学习着别人的智慧与经验,转化和提升着自己的认识,建构起新的自我。

基于"参赞化育"思想下的教师自主发展实践,为教师提供了一个能聚合教师资源、贯通教师能量、创造教育价值的平台,创造了一个有利于教师成长的,自由、开放、主动的环境,这样的管理大大激发了教师的内在潜能和动力,有效地促进了教师的专业成长。

青年教师在跳蚤市场中的表现与几点反思

一、为什么把跳蚤市场交给青年教师

一年一次地干部访谈教师，每一位干部、党员在对青年教师的访谈中都记录着青年教师对成长的迫切希望，希望园所给他们机会和平台，希望领导把事情交给他们去做，希望增加培训的机会。"成为一名优秀的幼教老师"这种愿望之迫切让我们受到很大震动，我仿佛听到一种呐喊、一种激情的涌动、一股力量与潮流的澎湃，感受着一颗颗炙热而跃动的年轻的心。正值园所"全园性跳蚤市场"活动，于是，我们把活动交给了他们。我们悄然关注着活动的开展，注目着青年教师的表现，在期待与忐忑中，青年教师以优秀的表现让我们刮目相看，让我们重新认识到青年教师潜藏的能量，反思我们对教师的培养和管理。

二、社团活动的出炉始末

上学期末，我们在讨论社团活动时，班子成员一致认为这又是在给班长、老教师加码，因为所有的工作最终都会落在老教师身上。大家感到老教师们太忙了、太累了！班级工作全靠班长，骨干走班还是靠班长；骨干专项研究小组、园所各项大的活动靠班长；家长工作依然靠班长。因此，在基于"青年教师不可用,老教师太忙"的论调下,最后,我们以对此次社团活动不做任何评价,不搞评比,统一了对开展这一活动的具体意见。

三、谁该主宰青年教师的发展

关于青年教师的使用与培养,是长期以来一直困扰我的问题,对此我不断思考,并试图改善,园所也根据本园特点采用了一些独创的方法,如目前看来效果还比较明显的特长教师、青年教师入职系列培训等。在两年的督导工作中,我也看了幼教领域大量关于青年教师与骨干教师的培养材料,几乎千篇一律、缺乏新意。自己也尝试着写了一篇论文,就督导工作中青年教师的培养问题进行了反思,但也仅仅限于策略与方法层面,难以深入到观念和思想层次进行反思。

在北大学习的过程中,一位教师在主题发言中提到了"我们总是假设青年教师都不行"这一观点和误区,他的发言对我触动很大。确实如此,我们通常时候大多会想当然地以为既然是青年教师,那在教育教学上肯定缺乏经验、缺乏能力。于是乎,给青年教师开药方,给青年教师培训,对青年教师进行考核,无论这些青年教师喜欢什么?有哪些爱好和特长?我们俨然是青年教师发展的主宰,是天然的考官。我曾经有一段日子就处于这样的状态,忽略了教师本人的主体身份,无视教师自己的主观愿望和要求。现在想来,我们真的很官僚,很自以为是,连园所新入职青年教师的名字都叫不全、认不准,连青年教师的真正需要都不清楚,却认为自己给他们开的药方会药到病除,认为自己所做的一切都是为了青年教师的发展着想。诸如此种,今天想来是多么的浅薄与可笑。不切脉不问诊,不明症候和病

情，就大胆地开方下药，那可真是"向之寿民，今为殇子矣"，病症变了而药不变，本来可以长寿的人，现在也变成短命鬼了，那才是真的害人不浅！

四、对青年教师成长的重新认识

访谈后的反思让自己认清了错误原因，我又阅读了《自由在高处》《重新认识社会》……以及部分哲学、社会类的书籍，对人、对己、对个人与社会，个人与组织之间的关系有了观念上的飞跃和提升。我开始重新审视自己的管理理念，重新审视教师这一作为自然主体的人。读《重新认识社会》这本书的时候，我仿佛突然间有了种醍醐灌顶般的灵感和直觉，我一直困惑而无解的问题在这本书中找到了答案。我意识到是我放大、用错了自己的权利，把自己摆在了年轻教师的前面，摆错了位置，把提前给青年教师准备的"没有思想，没有能力，什么都不会"的标签贴在了他们脑门上。

一个园所有着怎样的未来，取决于全体教师，尤其是中青年教师对园所持何种态度。园所是一个小型的契约组织，也是员工用于谋求幸福生活的工具，因此，作为园所的管理者，不是督促每个人去爱园所，而是要做到园所去爱每一位员工。为员工创造、提供一个有利于他们成长的，自由、开放、包容的环境，是园所管理者的责任。对于这个园所和它所形成的环境氛围而言，最大的危险来自于过多的行政约束和干预，来自于管理者对个性和自由的扼杀，来自于管理者同质化意志的存在，因为维系、推动园所发展的正是教师们的独立个性和主体意识的自觉。当这种自发与自觉的意识和理念被人为干预或压制，那些特立独行的人、自由思考和具有独立人格的个体将被集体碾碎、压垮，园所将不会再萌生新的种子，再也不会开花、结果，园所将成为一潭死水。

因此，在教师的成长和培养上，我们要允许教师充分地自主、自治、自由，而园所要为教师们的成长和未来提供支持与帮助。

五、构建一个开放、自由、自治的教师成长环境

1. 转变观念。你不是教师成长的主宰，你不是青年教师的医生，你不可以随便开药方。他不必"按方吃药"或"奉旨吃药"，而只需要因病施方、依病服药。

2. 好的制度才是保证教师的自由，令其自主成长的机制。我们只需要提供必要的服务与支持帮助其成长。

3. 鼓励教师成为一个有独立人格、独立思考的人，我不是别人，我是我自己。

西班牙学者加塞特将人分成两种：一种对自己提出严格的要求，并赋予自己重大的责任与使命；另一种则放任自流，尤其对自己。前一种人是所谓的"精英"，精英与普通人的区别，不在于禀赋，而在于对周遭事物的态度。或者说，世界上有两种人，一种是独立思考的人，另一种是想当然的附和者，按照这样的区分，每一个独立思考的人都是精英。他说："一个真正谦逊的人会试图评估自己的特殊价值，努力发现自己可能拥有的这种或那种才能，或者任何一方面特长，尽管他可能最终发现自己并没有什么非凡的禀赋，资质平平，但他永远也不会认为自己是一个普通人。"

与青年教师的谈话有感

群众路线教育查找问题中,自己有一条是找青年教师谈话少,对青年教师的帮助促进不够,于是乎立即整改,抓紧落实。今天再次找李老师等教师谈话,真是"听君一席话,胜读十年书"。这句话虽然有些夸张,但谈话确实让自己获益匪浅。与青年老师们的交流,并非我能对他们提供什么帮助,反倒是他们给了我很大的鼓舞与鞭策。

李老师谈到,由于二幼园所的良好文化与氛围,在这样的集体中她走路都是轻的,做梦都是甜的,脸上总是在笑的,心中总是升腾着一种热情、一种向上的力量、一种奔跑的欲望。在三年间多少次的同学聚会中,她总比同班同学多许多幸福与满足,快乐奔跑、进步的脚步使她习惯于生活中有书的味道,习惯于平凡工作中灵犀一点的慧心、惊喜,那种感受如春天丝丝新绿在心中发芽,温暖而惬意。

听着她们如诗般的语言,感受着她们的青春和活力,我觉得是那么的欣慰和自豪。我欣慰是因为这个美好而温馨、充满快乐的氛围是我们大家精心努力而打造的;我自豪,因为我拥有如此优秀的青年才俊和团队。我快乐着她们的快乐,欣喜着她们的欣喜,也自觉出一位园长自身的责任与重要。

感谢老师们的鼓励,我会加油的!

更爱自己,还是更爱孩子、爱老师、爱二幼

沐浴着晨风、阳光,一早来到园所,在操场散步的时候忽然发现在一个不起眼的角落里生出了一株幼苗。这也许是一缕微风、一场春雨把幼苗的种子吹到此处,于是它发芽,生根,它迎着阳光生长。凝望着这株幼苗,我在思考:我不知道是该请员工把它尽快铲除以维护操场的整洁,还是应该任由它自由生长,以成全一种心情、一分野趣。我突然发现,这竟然是一个"取舍"的问题,是一个有关"好恶"的问题,难道不是吗?

很多时候,我们教师常常是以"为孩子好"的名义而对孩子加以批评、呵斥。在这些孩子达不到老师自己的要求或标准时,我们采取这种方式并且自以为是在为孩子着想,是为了帮助孩子养成良好的行为习惯,为了孩子能学会知识,为了孩子的未来从长远着想,于是呵斥、变相体罚就这样被赋予了一种貌似很合理的理由,于是乎这种行为被扩大、被放纵、愈演愈烈。即便被别人出于善意的劝止和批评,表面上依然一脸的无辜,心中充满了冤枉和不平。

而在某些场合,比如园所班子集体在讨论应当如何为教师营造更加宽松、自由的工作环境,让教师的思想更加开放、才能充分发挥时,也时常会听到一些教师的抱怨说:"领导进班

检查看到的都是教师的问题，站位不对、打手机不对、聊天不对、指导不对，哪里不干净，植物角的植物又枯萎了。"打一个比喻，这就如同班级的老师看着一班的孩子，眼睛总是盯住儿童身上的问题。孩子们总是受到批评与指责，他们必然感到压抑，必然会怕老师，精神也会紧张，自然不能呈现出轻松、愉快的状态。儿童如此、教师亦然，如果处处神经紧张、时时小心翼翼，担心受到责问和指摘，老师的精神怎么能不高度紧张？工作怎么会不呆板？在这样的工作环境中，思想、行为犹如受到一张无形大网的束缚、捆绑，无法呼吸、无法移动，其创造性受到禁锢也是当然无疑、意料之中的事情了。

孩子该不该被教导？教师出现了问题应不应被提及？领导进班看到什么样的问题应该管？怎样管？园所的日常工作要求应当被执行到何种程度？什么样的管理才能一方面实现了既定有效的管理目标，又能使教师和员工精神愉悦？

这大概就是晨起我所遇到的问题，从什么角度出发？应当如何取舍？教师从自己的身上进行反思，爱自己，还是更爱孩子？这样的行为究竟是为孩子好，还是从根本而言其实是为了自己，为了自己的荣誉，为了自己在园所各项工作的排名？如果是为了自己，必然对孩子过分地苛求和严厉，久而久之，就会滋生出一种权威感。哪个孩子没有按照要求去做了，老师就会觉得权威受到了挑战，于是更加急怒和暴躁，就会掉进一个泥沼中循环往复，不能自拔。全然忘记了教师的任务之一就是关爱孩子，为孩子的未来着想。为孩子好，就要让孩子感到快乐，感到幸福，感到爱，而不是恐惧、紧张。

关于自己如何看待教师，我也随时在提醒、告诫自己，是否也会出现以"为教师好，为园所好"的名义去严苛要求每一项工作标准，要求每一位教师，而其背后是自己对名誉的过度关注与爱惜。常言说"爱屋及乌"，我是二幼的园长，所以说到二幼就是说到我自己，老师们出现的问题就是二幼的问题，就是园长的问题。

如何实现既为教师好，又为园所好，我想这如同对孩子的关爱一样，应当是缘于真爱！当我们用心去关爱他们的时候，我们的眼神，我们的语气，我们的策略，我们的角度都会不知不觉间发生很大的转变。教师们的感觉如同孩子般敏锐，他们能够体会出哪种是关爱，哪种是管理。对教师的理解与包容，是对教师成长最大的关心和爱护，唯其如此，才能让花开得更艳，让草长得更青。

我督导，我收获

6月4日到6月26日期间，作为兼职督导员，我参加了丰台幼儿园的教育督导并承担教育组的督评工作。督导的过程是我不断学习、不断汲取、收获的过程，也是深刻反思转而促进自身工作的过程。

一、督导让我增强了一种精神

督导范围内的八所园所，每一园所的文化不同、特色不同、优势不同，但所有园干部、教师身上让我们感受到一种精神，一股力量，那就是忘我拼搏的精神，勇于奉献的精神，不断创新的精神，自主发展的精神和耻居人后的精神。我们的园长背着HOLTER在岗位上坚守，我们的园长与手术第二天在幼儿园忙碌，我们的干部在产假第二个月就返回到园所，我们的教师接连一个月都不曾休息一天。不少教师为给孩子布设环境，制作教具夜以继日、加班加点。他们用自己的爱和智慧、用责任和使命书写着丰台的学前教育，让丰台的园所大放异彩，让丰台的学前教育蒸蒸日上。

督导的每一天，每一个所到之处，我都在感动着、激动着！我是幼教人，我深深知道孩子们的那每一分成长，每一件玩具，每一件变废为宝的创想里所浸透的是老师怎样的一种付出、努力、爱与关怀！我被感动着，被震撼着，被教育着，从他们身上汲取着新的能量，这种能量激励我更加不懈地前行。

二、督导使我获得更深入的学习

如果不是督导，也许没有机会深入地接触到每个园所如此细致、翔实的文档资料，听不到园长如此系统、全面的工作反思与梳理，也领略不到每所园外在环境下所内涵的文化内核与深层价值。我的眼前，有无数闪光点在跳动、在闪烁，丰台四幼把来京务工、经商人员的子女家园共育作为课题，不仅是在探索、在寻找家园共育的方式，更是对儿童真正的关怀与尊重；西罗园、群英幼儿园为孩子创设功能多样的户外体育环境，既是对外在环境的一种美化与丰富，更渗透着教师在促进儿童健康发展中扎实的研究与思考，对园所特色的推进与深化；西罗园、丰台六幼以文化立园，园所核心价值观为园所管理与各项工作所注入的活力与内涵，让我们时刻感受着文化的力量。育英、蒲二幼创造条件改善办园条件，扩大活动空间的作为，让我们领悟到内在潜力的挖掘与一切皆有可能的关系。可以说，督导让我领略到每所园的精彩，每所园的独特，每所园的味道与风格。

三、督导推动我完善自身工作

督导中对姐妹园一些好的经验与做法，我是用相机、用脑子、用心去体会和记录。回到二幼园，我对照片进行归类整理，组织班子召开了一次督导工作的学习汇报交流会。各种各样的图片、分门别类的资料把不同园所的特色与个性活生生地展现在全体教师面前。蒲二幼自力更生建造11间房的胆识与魄力，丰台四幼建筑区的造型与风格，西罗园小建积塑的丰富与多样，群英幼儿园京剧特色带给她们的发展与机遇，各园所资料整理中的特点与不足等等，让所有的教师耳目一新、眼界大开。

我们观看着、思考着、研究着、行动着，小建积塑和照片很快传到了班中，并列为下学期班级评价工作中的一项。各园所推荐给教师们的图书，我们列出清单后选择适合的在教师中推广。各园的文化特色、园本课程建设的理念、做法与实施成为我们分析、比较的重点与热点。从每个人追赶的脚步中、从大家忙碌的身影上，你可以感受到一种催人奋进的紧迫与干劲。我看到了二幼美好的未来和希望。

档案伴园所发展

1992年8月的盛夏,我被任命为丰台三幼园长,筹建三幼。当时三幼的景象至今让我记忆犹新。那是一栋盖好后一直闲置两年无人管理的空楼,满是灰尘,蜘蛛网成片。1800多平方米的院子满是荒草,有一人多高,雨后的草地顷刻间变成一片泥塘。

三幼就是在这片草地上启动了,发展了,成为了今天的北京市一级一类幼儿园。然而,8年前的那一幕,我们没有拍照留存,它只是深深地印在开园奋斗教师的脑海里。由于我这个园长对档案的无知,使三幼创业开篇的第一页成为永远的空白,无法弥补。这件事让我真正懂得了"档案使瞬间变成永恒"这句话的真正含义。

在以后的工作中,我的管理就处处与档案结缘,也更加体会到档案工作的价值与作用。而运用档案所带来的那与众不同的管理风格与个性,使我的管理多了一分沉着,多了一分策略,也多了一分情怀。

有人说,档案是一张老唱片,流淌的是古老的旋律和词句。而我说,档案是一位博闻强记而又深思熟虑的智者,诉说着那曾经与过去,启迪着人们事物发展的规律与联系,告诫着人们不忘过去,更要着眼未来。

记得，那是1997年，开园5年的三幼，吹响了向市一级一类园进军的号角。为鼓干劲，争双一，我们利用档案资料举办了"从三幼昨天，看三幼未来"的教育活动，展览通过照片、资料、录像，将园几年来的变化，园工资提高的数据等展现出来。

那一张张记录园所变迁的照片，使老师们看到了汗水与付出后的成绩与辉煌。

那一个记载三幼人奋斗拼搏的镜头，感染、激励着新教师的斗志焕发。

那一组组反映三幼教师工资提高的数据，告诉着人们明天的三幼会更加灿烂美好。

这照片，这镜头，这数据，把三幼由简陋到现代展望，把荒凉到繁荣描绘，把昨天到未来的凯歌奏响。

如今，一级一类园在全体教师的努力下实现了，而在奋斗一级一类历程中的"档案"，成为我们取得一个又一个成功的丰厚资源。

丰台三幼在社会、在家长、在同行的眼中有着不错的成绩：市一级一类称号，市人民满意的幼儿园，区卫生保健示范园，区幼儿交通安全示范基地，这一切荣誉的拥有，档案发挥了它独特的作用。

在以"塑造三幼品牌，展三幼风采"的大型宣传活动中，我们充分发挥档案的魅力。

展板上，历届家长写来的表扬信，胜于老师的自我宣传，成为不可雄辩的证言；

孩子们几年的各项发展评价表，解除、消退了家长的担忧与疑团。

老师们那曾经记录幼儿在园情况的一篇篇观察日记，使人们仿佛听到老师的谆谆教导，看到孩子在园成长的快乐童年与美好时光。

在我园召开的历次现场会、观摩活动上，我们都一次次将展览作得细致、精美。使来园参观、交流的人通过档案资料受到启发，园所也得到了展示，促进了发展。

档案在园所中不仅仅服务于管理，服务于教师，更有对幼儿教育的作用与功能。我们运用让幼儿参与档案收集及制作的方法，对幼儿进行爱祖国、爱家乡的教育。

孩子们从家中带来了祖国名胜古迹的宣传册、门票；

寻找画报，剪下了祖国丰富物产和秀美山川的图片；

家长从网上下载祖国四大发明的资料内容。老师与孩子们共同举办一个个主题展览，制作了一本本资料画卷。那经孩子之手形成的"档案"，孩子们喜欢看，喜欢讲，从而使孩子们更深刻地了解到祖国的灿烂文化，中国人民的智慧与勤劳。

在我的管理中，本园档案的价值要利用好，而社会档案资源更要为我所用。

在祖国 50 年成就展中，我们看到了祖国的腾飞，祖国的强大与昌盛，感受到中国正在以不可阻挡的步伐前进。

在"让昨天告诉今天"——北京市商品票证回顾展中，我们看到了首都半个世纪以来的政治、经济发展的坎坷与辉煌，身为首都人，我们自豪。

在现代文学馆参观中，站在鲁迅、老舍、巴金的像前，仿佛与文学巨匠在作着心灵的对话。那份划破时空的神交，使心灵明净而饱满。

在"北京档案馆",缓缓穿过如城墙般的档案柜架,和着历史的车轮,走入那久远的年代,使我们本已浮躁的心态渐渐踏实平缓。

中华世纪坛,历史博物馆,北京图书馆,这一次次地参观浏览,这一次次地与古人交谈,一次次地感悟与反思,老师们学会了尊重客观,学会了辩证看待,学会了深思熟虑,学会了从昨天去放眼未来。

这份成长的获得,这份胸襟的改变,这份悟性的提高,有档案的奇异,有档案的力量。

档案,我想对你说,你的风采,让我痴迷;你的博学,让我倾倒;你的深沉,让我冷静;你的胸怀,让我懂得身为园长要有大海容纳百川之气概。

我虽身为园长,但我愿以兰台为伴,让那"档案"如一盏盏明灯,照亮我们前进的征程;让那点点滴滴的档案记录,成为我们迈向高峰的基础;让那档案的真实与客观,教导我们更加明智与清醒。让档案在三幼的发展中,不断绽放出更加绚丽的光彩。

"至乐教育"理念下的"家长四乐"

丰台二幼"至乐教育"的目标是创造即享受,我们让每一个二幼人在自身的生活与教育中享受教育带来的创造与快乐。这里的二幼人不仅指儿童、教师,家长也是二幼人。园所与家长的定位是互助共长的教育伙伴,是朋友,我们力求让家长通过参与、赞助幼儿园的各项活动品尝教育生活的乐趣和自身教育成长的乐趣。我园的家园共育力求让家长实现四乐。

一、乐在沟通——至乐让家长感受沟通的乐趣

说起沟通,成长为今天的爸爸妈妈在自己曾经的学生经验中会有这样一种错觉,老师找某个孩子的爸妈沟通,一定是孩子们犯了这样那样的错误,家长与老师的沟通也大都会拘谨。在丰台二幼则不会这样,丰台二幼的家长们无时无刻不享受着与老师沟通的乐趣,有些家长们还津津乐道地称之为"福利"。这种沟通的乐趣来自于二幼老师们与家长双向的互动与沟通。

在我园有向家长多渠道反映幼儿在园生活的沟通,如微信、彩视、公开活动、新生一日生活记录等;有与家长多角度对儿童发展观察共同制定策略的沟通,如观察记录、家访谈话、照片故事等;有帮家长多策略解决各种问题的沟通;如家长学校、家教策略智囊团、新家长入园指导、家庭伙食营养指导。家长

在沟通中能够全面立体了解幼儿的情况，而不仅仅是片段或者某一个侧面。沟通有效地帮助家长建立了正确的儿童观、教育观，建立了对儿童教育的自信，在不断的沟通中得到肯定与鼓励从而相信自己能够成为幼儿园教育的伙伴，相信自己能够将自己的孩子培养得更加出色。

二、乐在参与——至乐让家长的潜能无限伸展

家长进课堂在其他幼儿园或者学校也有过类似的活动，丰台二幼的家长进课堂活动有着"自己报名"的传统。由于是自己报名，二幼的家长从不觉得进课堂活动是老师委派给他们的任务。由于是家长自己的专业领域，家长们在内容的选择上和语言的组织上更加自信，他们在自己擅长的领域中选材、整理与教师进行沟通，拿捏的时候显得更加得心应手。我们将课堂更多地定位于家长与孩子们分享自己生活与工作中的知识和乐趣，形成了园所一支独特的教育团队。如在天文馆工作的爸爸带着自己为什么给儿子起名叫"何乙天"的愿望与想法，带着制作的PPT课件，带着星球的模型，带着星空的秘密走进课堂，引发了孩子们无数的疑问与好奇。对于问题，家长一一解答。活动过程家长强烈地感受到孩子们想要探索世界的渴望，感受到活动带给孩子们的快乐与成长的意义。再如，戏曲学院的家长，带来中国的戏剧川剧变脸。孩子们睁大眼睛，想要解开这其中的秘密，一次次的叫好之后，围着家长问个不停，脸哪儿去了？红脸代表什么？蓝脸表示什么？变脸是谁发明的？国家电网的家长带着电的奥秘，给孩子们普及了电对于人类社会的作用。

家长们的课堂，成为我园课程构建的重要组成部分，极大地丰富了孩子们和老师们的学习领域与视野，激发了孩子们对

世界探究的欲望。而在孩子们受益的同时，家长们也从中发现了自己的教育潜能，发展着自己的教育能力，丰富着自己的教育经验，感悟着教育带给儿童成长的力量。这种教育带来的成就感和快乐，促使家长们相互宣传着，感召其他家长加入到进课堂的队伍。

三、乐在贡献——至乐让每一位家长感受到被需要的满足

每一位家长都是有才能的，在二幼没有一个家长是不行的。二幼就是不断地给予家长我能行的信心和被认可的满足，让家长们在肯定中也成长着、幸福着，创造着对儿童成长的贡献与价值，找到属于自己在教育中的存在感、价值感。我们让爸爸妈妈和家中的老人们承担着不同的教育角色，给家庭中每一位成员参与和展示的机会，让他们乐享其中。

老太太伙食花样团：谁说老来无用？老太太伙食花样团受到了大家们的喜爱。丰台二幼的老人们个个身怀绝技，在二幼的平台上大显身手，做腊肉、自制灌肠、五湖四海的特色家乡风味在二幼的伙食里香满四溢。她们把手艺拿来与大家分享，与幼儿园厨师切磋，指导传授给年轻的爸爸妈妈们。老人们展示着自己的能力和风采，伙食花样团成了二幼一宝，成为儿童成长中最难忘的一种味道。

妈妈班级事务后援团：妈妈们细心，时尚而富有朝气，我们把班级事务全权交与她们，各种活动的组织策划，儿童节活动所有道具、服装的挑选购置，社会实践活动的安排与组织，与其他家长们的协调沟通，活动中的志愿者……妈妈们不辞辛劳，事无巨细。"六一""亲子共舞，乐享童年"活动中，小三班的妈妈将本单位年会中的舞蹈带领班中的其他妈妈们进行

练习，只为了给孩子们留下永久的纪念。这是一支可以在妈妈身上爬来爬去游戏般的舞蹈，舞蹈获得了宝贝的认可，家长们开心极了。中一班的火把节是班中的妈妈一手打造的，从设计到排练，到修改，家长们在一遍一遍的设计中与孩子们相处的时间更久，收获的快乐和幸福更多。

爸爸智慧支持团：丰台二幼是一个充满了父爱的乐园。"六一"、圣诞节等园所班级的各项活动主持，爸爸们闪亮登场让孩子们乐开了花。有爸爸参与的课堂幽默、风趣；爸爸亲手绘画的《我妈妈》绘本带着一种温暖；爸爸们的摄影超一流，让班中孩子们的美好童年定格；爸爸们电脑技术的解决与支持，给教育插上飞翔的翅膀；而爸爸们还有可爱的舞蹈、宽厚的臂膀、粗大的双手、温柔的目光。在每一个活动中，在每一次和孩子们的互动中，爸爸就像一棵棵大树般给予孩子们厚重温和的爱护。在父爱的包围下，孩子们犹如一棵棵看似纤弱却顽强向上的菟丝草，缠绕而上，向着爸爸的高度仰视、前行。爸爸们也同样享受着宝贝们对自己的崇拜和敬仰。

四、乐在陪伴——至乐让家长在陪伴儿童中一起成长

二幼的老师常说"最好的教育就是陪伴"，家庭教育是教育的基础，因此我们重视家长能够陪伴幼儿的时光，我们精心设计每一个家长参与的日子，让大手牵小手共同享受童年的美好时光，一起慢慢成长。

迎着朝阳共同起舞：我们让每个陪伴孩子的日子都翩翩起舞。每天清晨当孩子们迎着朝阳起舞的时候，家长们走进幼儿园和孩子们共同分享着晨舞之乐。有了家长陪伴的清晨之舞，孩子们的一天更加开心，家长也享受着童年的欢乐。

阅读是最好的陪伴：阅读的夜晚最温暖。我们让孩子们每天把园中的绘本带回家与爸爸妈妈一起阅读，幼儿园中也多了家长们推荐的绘本，家长们自发地组织起家庭读书会，三口之家《绘本剧》在二幼的小舞台上频频上演。幸福的种子播撒在儿童的心田，也滋养着家长这片沃土。

陪伴让成长更精彩：幼儿园里老师们发现了每个儿童的潜能，鼓励家长陪伴、支持儿童一起创造。如范路阳喜欢海洋动物，老师为他开设了小讲堂，家长参与其中，在家与孩子一起选择要介绍的动物，一起准备资料。有了妈妈的陪伴，范路阳的课堂开得自信满满。胡樹楷喜欢插片，各种动物、交通工具插得丰富多彩，老师为他和另外两名儿童在全园办了插片展。他想插一艘航母，父母陪他三入科技馆，使胡樹楷的航母惟妙惟肖，不仅有航母还有了护卫舰、歼11、歼15、歼20。家长的陪伴让孩子的成长更加温暖而坚实，而家长也在孩子的成长中享受着陪伴的幸福。

丰台二幼"至乐教育"倡导"互助共长"的家长文化，幼儿园与家长在互动互促、优势互补中共享儿童成长之乐，共享教育之乐，共享自身发展之乐。

用微信沟通家园,共同促进孩子成长

一、用微信搭建起家园信任的桥梁

今天,微信已成为人们生活与工作中沟通交流最为便捷、迅速、理想的工具,它速度快、传播广,功能强大,冲击着我们既有的思维与管理方式。在触屏时代,运用好、发挥好它的功能,对园所的家校沟通有着难以想象的力量。

新小班入园,是孩子们人生历程中的一个关口,也同样是家长们需要迈过去的心理关隘。如果家长表现出放心与坚定,没有过度的焦虑,就会在很大程度上影响到孩子们对幼儿园的信任与安全,对解决幼儿的分离、焦虑症状有良好的心理作用。以往开学的前两周,我们会通过老师与每名孩子的家长进行电话沟通和交流,告知儿童的园内情况,给家长以心理上的安慰。家长们每到中午时分,就会焦急期盼着电话铃声的响起。班中三位老师,每个人10名孩子,每人10分钟、两个小时的时间,老师们口干舌燥。但即便如此,入园孩子早晨分别时的哭声,依然牵动着家长们的心。孩子是否哭闹一整天?孩子吃饭吗?孩子中午睡觉了吗?孩子能跟老师一起参加活动吗?家长们忧心忡忡,疑虑重重。

微信的普及与运用让老师们发现了更为便捷的沟通方法,

也让家长能够更加准确、迅速、实时看到孩子们的状态和变化。我们为每一个孩子建立一个电子文档，每天班级教师会根据儿童的不同时间段，拍摄一段微视频，上传到云盘上，方便家长观看，也会根据孩子的特殊性、家长不同的关注点，重点拍摄。当家长看到孩子们的在园生活，看到老师们精心的照顾，他们悬着的心放了下来。

自我服务能力培养是入园儿童的一项重要发展目标。入园两个月，小班儿童在老师的培养下已经可以自己独立穿衣了，但一些家长不相信自己的孩子能独立完成，他们担心自己的孩子不会穿衣服，会着凉、会挨冻。于是老师请来家长代表进班，把孩子们穿衣的过程拍下来。短短的 8 分钟，全班儿童都自己穿上了衣服。家长们在微信上纷纷说："简直不敢相信这是真的，感谢老师们的培养，相信孩子们的能力，为孩子们的成长加油！"

微信让班级活动的透明度提高了，家长不进园所也一样可以看到孩子的活动，耳听为虚、眼见为实，微信帮助家长建立起对教师的信任，培养出对园所的认可，这些比任何事情都重要。

二、用微信链接家园、母子爱的情感

沟通是人与人之间建立情感的最好方式，沟通的方式多种多样。对于家长和孩子来说，及时、有效的沟通能够给孩子和家长带来更多的安全感。微信的出现和应用为园所与家庭、教师与家长之间的有效沟通插上了双翼。

王老师班级里萧萧小朋友的妈妈出差去了美国，13 个小时的时差，美国的白天成为北京的黑夜，每一个美国的清晨，都已是北京的儿子熟睡时分。妈妈牵挂儿子，儿子也想念妈妈。于是老师与妈妈约定，给萧萧享受 "福利"——在幼儿园与妈妈视频通话。视频中孩子向妈妈诉说着他玩的游戏、他画的画、他搭建的房子。看到儿子、听到儿子的声音,妈妈放心了,而看到妈妈的萧萧,也开心地不断向小朋友们诉说着妈妈给他买的礼物。爱在幼儿园与家庭、儿子与妈妈之间传递。

还有一天,米菲小朋友向老师请求:"王老师,您能把手机借我用一用吗?"老师说:"干什么用?"孩子说:"我想告诉妈妈,今天我在幼儿园里大便了。"老师把手机给了孩子,孩子拨通妈妈的微信,说:"妈妈,我今天在幼儿园大便了。"说完,孩子把手机还给了老师。后来,老师与孩子妈妈通话才了解到,原来早上孩子没有大便,妈妈叮嘱孩子,一定要在幼儿园大便。孩子记得妈妈的惦念,要告知妈妈,让妈妈放心。老师一个简单的动作,一段看似平常的对话,给予孩子的是充分的尊重,给予家长的是宽容和体谅。我们的老师将爱渗透到每一个教育的行为之中,浸润着孩子,让孩子也逐渐成为具有爱的能力、懂得表达爱的人。

有一首歌中唱道:"心要让你听见,爱要让你看见。"因为听见、看见,我们便更容易感受到。温暖不要只埋藏在心里,要想真正将内心的情感传达给别人,就让你所爱的人听见、看见吧!爱的教育不只是"三八"节那一天给妈妈洗脚,给妈妈端水,爱的教育就在真实的生活里。家园间沟通的目的不是只有老师与家长间的交流信息,而是真正满足儿童内心的需要与关怀。微信把人与人的距离拉得很近,也把家园的情感连接得更加紧密。我们的老师每天晚上都会发大量的微信与家长和儿童沟通和交流,用微信视频与儿童聊天,使儿童在自己的家中这样一个亲切而温暖的环境中感受到老师的爱。

三、用微信视频实现家园教育互动

数字化的微视频以事实的真实呈现让教师与家长的沟通更加顺畅，让家园更加合力统一，让教育策略更加准确。

入园三个月，小班蓓蓓老师上传了孩子们表演、唱歌的视频。一位奶奶发现自己的孙子总是站在后面，于是在班级微信群中问老师，为什么总把我们的孩子排在后面？老师回复说："班里的活动从来不排队，每一个孩子的位置都是孩子自己选择的。孩子站在后面，说明孩子还没有站到前面的勇气。我们要尊重儿童的选择，等待孩子的成长，也谢谢您的提醒，我们会关注在自信与大胆方面的培养。"这件事发生之后，老师写下了三条教育的机会与策略：（1）老师要经常走到孩子身边，让孩子与老师的距离接近；（2）孩子表演不是优势，但孩子喜欢绘画，绘画时积极大胆，要抓住优势表扬孩子，增强自信；（3）可以引导、鼓励孩子多去表演区，在自由的活动中，让孩子自主而自信地慢慢成长。一个月后，孩子在歌表演时，不总是站在后排，能与其他小朋友一起较为自信大胆地表演了。老师把视频再一次发到班级云盘，奶奶开心地笑了。

微信视频不仅是幼儿园老师上传，我们也鼓励家长把孩子在家的视频传给老师，让老师看到儿童在其他方面的成长，更好地促进儿童的发展。例如，蓓蓓老师负责的班的笑笑的妈妈传来一段视频，笑笑在家舞动着彩带跳舞，动作舒展、优美，彩带如游龙飞舞，好看极了。看到视频后，老师让笑笑给全班儿童表演，并让她做表演区的领舞，教小朋友们舞彩带。孩子的兴趣得到极大的鼓励与支持，有效地促进了儿童个性的发展，也有效地实现了家园互动。

微信视频的使用，比照片更及时、有效地让我们的家长和老师捕捉到孩子成长中的点滴变化。在一连串连续的语言和鲜活的动作之中，孩子们的成长过程更加鲜明，更易于让我们分析孩子接下来需要怎样的支持和帮助。

四、用微信凝聚起班级向心力

微信群把人划分出了不同的身份与群体。家长把孩子送到幼儿园，有缘成为一个班的成员，共同的身份把家长紧紧地联系在一起，而班级微信群则成为当今社会班级、教师、家长们互动交流最高频的一个平台。用好微信群，建立好班级家长文化，形成合力，会起到教师能量无法实现的作用。

1. 育儿交流群——把微信作为传播先进教育理念的阵地凝聚大家

微信群中不仅是老师在发布育儿经验与做法，广大的家长更成为儿童教育思想的主要传播者。家长的教育资讯广泛、多样，且自由发布，这样就形成了倡导先进教育理念的主流意识，慢慢培育起班级家长自觉的、主动的学习氛围，无形中引导着家长们的育儿观念，比教师单纯的说教更有渗透力、说服力。慢慢的，家长们习惯于在育儿交流群中发自己看到的好的文章和经验，将单方面的能量扩大为一种向心力。家长和老师从面对面的姿态转化为拉手围圈的状态，促进儿童的成长成为大家都需要努力和散发智慧的责任。

2. 微展台——把微信作为班级展示儿童活动的平台凝聚人心

老师们把班级里的活动每天上传到微信圈，国庆节、感恩节、圣诞节、儿童故事会、社团活动、烘焙活动，社会实践，一个接一个的活动、一张接一张的照片、一段又一段的视频让家长目不暇接。家长们看到精彩纷呈的活动，总是在圈内发出赞叹，惊讶于儿童的能力，感叹于孩子点点滴滴的成长与进步，也感受着二幼的教育品质和教师的努力。家长们感动着、体会着、感激着，用各种方式支持教师、帮助教师。家长的配合与鞭策激励着教师更加努力地做好工作，家园配合高度契合。同时，在微展台中，孩子们也享受着成功的乐趣和被别人肯定的成就感。在一次次的坚大拇指、送鲜花和掌声中，孩子的特长和爱好被家长和老师挖掘出来，孩子们为成为更好的自己而努力着。

3. 微聊会——把微信作为彼此交流的园地凝聚大家

对于班级的一些教育工作和班级事务，家长们在微聊会内都有发表自己意见和建议的权利，形成讨论，大家在讨论中得出基本一致的共识，最后由班级家委会决定，班级的民主管理由此形成，更进一步推动了班级的文化建设。每当班级的一些活动部分家长无法到园，来园的家长便会主动用手机拍摄，分分秒秒、时时刻刻，快捷地发到圈里，让没有到园的家长也一样能看到自己孩子的活动。和谐的班级之风把大家凝聚在一起，亲密、温馨犹如一家。

微信不仅成为我们成人间交流的重要方式，同时，也成为儿童与成人、儿童与儿童间重要的交往手段，发掘微信的功能——视频、照片、语音……让丰富的功能服务于家园之间，给老师、家长、儿童之间搭建更为便捷的交流方式和平台。用好微信，对家园合作有着重要的价值与意义！

文化艺术之于我的园所管理

对于幼儿园的环境布置,我一直有一个憧憬和愿望,我想让进入园所的每一个孩子、老师如同置身在博物馆、美术馆、图书馆,他们抬眼可见的是艺术,触手可及的是图书,让文化艺术成为孩子们生活环境中的一种常态,而不是一年一次或几次才可以欣赏到、触摸到的一种奢侈。于是,二幼有了今天这样的环境,也形成了它自己的文化氛围和理念。

一、营造具有艺术氛围的园所环境,陶冶二幼人的审美与情操

人对审美活动的感知,是一种基本的人性需要,每个人都有对艺术美的感知和追求。所以当我们漫步于艺术馆、博物馆时,那里每一个被精心设计过的角落,每一个展台,每一件作品所传达的艺术与文化气息,沉静与唯美,精致与高雅,无不引导着人们对美的理解与体验,陶冶着人们的情操与修养,也规范与引导着人们的举止行为。我们徜徉于其中,有一种被牵引、被指导的感觉,那是一种精神的享受与陶醉。我认为幼儿园也应该是这种环境的倡导者与实践者,应当让老师和儿童在这样的环境中成长与生活。

因此,在丰台二幼西园、东园楼道内陈设着中国传统的条案、

木雕、绣品与石雕等，走廊里展示着精美的雕塑、陶类、瓷器各种艺术品，大幅的现代材料艺术、意象与抽象的绘画作品与幼儿的美术创作共同布置于园所的楼道。孩子们、老师们置身在这样的环境中，他们无时无刻不在受到艺术的熏陶，体会着美的享受，品味着生活，感受着生活的美好。二幼楼道摆放的书籍从没有丢失过一本，楼道摆放的陶器、瓷器艺术品从没有打碎过一件。我很欣赏蒙台梭利的那段话："这样的环境就意味着对污秽和凌乱的摒弃，这些物品本身的易碎、易损坏就意味着对粗鲁和漫不经心的警告，在这样的环境中孩子们会自觉地纠正自己的错误，训练自己行动小心、准确，习惯于做到不乱丢弃纸屑和弄脏周围那些洁净、漂亮的物品，使自己的行动变得更加文明和富有节奏，并逐渐成为各种器皿、用具自由和沉着的管理者、爱护者，于是，他便在自我完善方面向前迈进了一大步。"二幼的环境滋润着人的心灵，也规范着人的行为，陶冶着人的情操，逐渐培养起来的审美能力让我们教师、孩子的生活更加美好而富有个性。

二、在艺术作品欣赏中，引导二幼人的"人性光芒"

艺术作品是人的情感、思想、精神的视觉反映，是人的基本活动和人的内心感受，艺术的美是自我心灵的写照，是精神的一个定格。二幼的环境中处处可见艺术作品：雕塑《斜倚的人体》《环》《母与子》，大幅的油画意象山水，摄影艺术作品，优秀的文学绘本，中国传统的木雕、砖雕，精美的绣片等，让每位教师、家长、孩子禁不住停下脚步，驻足在作品前欣赏与凝望，思索与追问，作品想表达什么？作品的精神内涵是什么？作者为什么如此表达？作品寄托着作者怎样的一种情怀？作品产生于怎样的一种背景，人生的境遇给了作者怎样的一种印记？对艺术作品的欣赏与解读，培养了我们二幼人对人与事物欣赏与探究的习惯，从而实现着对人的欣赏、理解与尊重观念上的转变。

在二幼的管理中，教师、孩子被欣赏、发现成为我们每位管理者与教师的一种习惯，一种自觉。领导欣赏着教师，教师欣赏着孩子，我们欣赏着二幼，在组织中每个人感受到的是那些来自于不同人、不同活动中的激励与鼓舞。在二幼，每月一次的全园会，园长50%的时间都是在表扬本月中的好人好事，班级的创新与亮点。欣赏与欣赏后的真诚赞美，给孩子、教师和组织带着一种方向性的帮助，欣赏、赞美的力量在悄无声息变革着人性，并指导着我们每一位教师走向"大善"。

三、通过文化艺术活动，实现教师人格的自我成长与完善

当我们静静地面对一幅作品欣赏和阅读时，作品会不断地激发出我们内心的共鸣，读书就是读自己，听音乐、看美展亦是如此，这种共鸣最终将作用于我们的内心，并改变、影响着我们的思维方式与价值观。在二幼，我们组织教师走进798、美术馆、首博、现代文学馆；走进音乐厅、国家大剧院；我们开展名家作品的欣赏讲座，凡·高的油画、吴冠中的山水、齐白石的花鸟；进行优秀绘本的分析与解读，《猜猜我有多爱你》《和甘伯伯去游河》《石头汤》等。在一次次的走进、一次次的欣赏、一次次的解读中，我们引导着教师感知着人与人，人与社会的关系，对比着作者与自我对客观世界的反应。由于教师主体的思想感情、知识结构、生活经验、审美取向的差异，对同一艺术作品也会有不同的感受与理解。艺术赏析开阔了教师的思维

宽度，老师们学习着多角度、多层面地去审视自己和他人。教师们在欣赏、读懂别人和自己中，学会了恰当地处理着自己与他人，自己与团队，主体与客观的关系，增强了教师对集体的认识。而对作品中风格迥异的个人风格和作者自身的精神价值取向的解读和欣赏，也启迪着教师自我尊重的自我意识，使教师们在认识自我的价值，感受他人的内心和作者的人格品质中，催发着自我心路的成长，实现着自我成长与完善。

四、在参与园所文化艺术创作中，增强二幼人对组织文化的认同

任何艺术创作都是作者思想情感、精神价值的一种表达和倾诉，凡·高的《向日葵》，绝不是科学意义上的向日葵，它一定有着深刻的内在意义，一定是作者精神价值的抒发。因此，在二幼的管理活动中，我们鼓励教师参与园所的文化艺术创造。二幼的标识设计是在全体教职工和家长的参与下制作而成的，全园教职工依据园所的精神、园所的教育价值取向、办园宗旨等诠释了标识的内在含义；英语节我们让教师自己设计节日的旗子，设计开、闭幕式的背景，设计活动的口号，教师们在领悟着、理解着英语节活动的宗旨与目标，也表达着对二幼文化的高度认同。丰台二幼的《幼儿之歌》、教师之歌《二幼我的家》，是我园一名音乐特长教师自己作词、作曲，在广泛征求孩子、教师的意见，并由园所的孩子、教师自己演唱制作而成的。在市级示范园验收的那一天，当我们的教师唱响《二幼我的家》，所有的在场教师眼中噙满泪花，那是对二幼的一分深情，那是对教育的一分表达，那是深深地浸透着自己对组织的一分忠诚与热爱。教师们就是在这样的艺术文化创作活动中，丰富着二

幼的文化内涵，成为二幼文化精神的自觉推动者、构建者。

我深深地意识到二幼的管理追求，不在于建立完善的制度、条条框框，它更关注于文化艺术对人心灵的洗练和提升，关注于在对美的不断感受和领悟中去升华对真和善的崇高追求，关注于组织形成共同的人生价值，关注于无形的东西怎样作用于人的发展，关注于用每一个人的人格铸就团队的精神。

园长的札记

构建自由、美好的园所文化

读薛瑞萍的《把世界带进教室》,偶遇圣野,上网快查,一位新中国童诗的栽花人、护花人,一位永远充满快乐与阳光的老儿童展现在我眼前。《会叫的鞋子》《干完这一件,再干那一件》《神奇的窗子》……一首首充满童趣、充满童真的欢乐的诗,把我带回了充满幻想的童年,带回了生趣盎然的童年,带回了快乐无忧的童年。这么晚才认识到他,我遗憾错过了多么美丽的一座大花园,可我多么想让二幼的孩子早一点读到他的诗,让孩子早一点拥有诗意的童年,徜徉在诗的自由与想象中。

读圣野的《神奇的窗子》,给我更诗意的坚定,要让儿童的目光浸润在美好的文字里,让儿童的耳朵浸润在美好的声音里,童年就该在美好的事物中徜徉,童年就该这样的走过。因为童年时期的孩子是一扇神奇的窗子,什么都能看见、什么都能听见、什么都能感觉得到。正如蒙台梭利所说,6岁前儿童的学习就如呼吸一样自然,在如同呼吸一样的自然中,人完成了一生中最重要的学习,他们有一种"吸收的心智"。因此,我想在二幼的教育及课程模式上,努力构建一种自由而美好的学习内容与课程模式,让这里的孩子们在最自由、最美好的世界里自由地成长。

对于美好的解读我认为是这样：美好是让美妙动听的音乐伴随在孩子们的身边，孩子们在轻盈而美妙的音乐中生活、活动；美好是让美丽而艺术的环境浸润在孩子们心田，孩子们耳目所及之处是精心设计的环境，典雅的艺术作品、优美的陈列布局、教师儿童美的行为，美流动在孩子们身边，如涓涓细流；美好是让自由而充满想象的童诗飞翔在孩子们的天空，那耳朵、眼睛、鼻子成为了窗子，那鞋子成为了"吱吱"叫的老鼠，那小水坑在说话，那小雨点在唱歌、舞蹈，美丽的想象为孩子打开了一个更加多彩神奇的世界；美好是让精美而富有哲理的绘本播种在孩子们温暖的心扉，《菲菲生气了》《和甘伯伯去游河》《猜猜我有多爱你》……一个个鲜活而饱满的自己在精美的图画书里，孩子看见了自己，也看见了世界，我们看见了幸福的种子在儿童心中发芽；美好是让充满理性与变化的科学精神流淌于孩子们的血液，他们面对未知敢于探索，不知畏惧，变化成为他们自由的理由，无上的乐趣，他们的字典里没有失败，只有下一次尝试又会是怎样的一种求索与好奇，更多奇妙美好的事物等待孩子们发现与创造；美好是让丰富的生活技能升华在孩子们的指间，当孩子开始掌握基本的生活技能时他们便拥有了自由，独立的行为生发出独立的意志、独立的思想。

而自由，这里主要指给一个人精神的自由，体现出对儿童的尊重，对儿童成长规律的尊重，对人性的尊重、对差异的尊重、对个性的尊重、对自己的尊重；你是多么独特的你，你来到这个世界的理由就是你不同于别人；自由体现于尊重每个人、每名儿童学习方式方法的多样，你可以跑着到达终点，而我选择走，也可以选择爬，还可以选择跳跃，因为那是我愿意或无奈的选择，总之，它适合我。强求一位腿部残疾的人奔跑是一件多么愚蠢而残忍的事情。所以，允许我们都以自己的姿态到达自己想要的终点。自由是一个事物可以有多种途径、多个答案，不求唯一，但求合理。自由体现于多元课程模式，有儿童自主选择的活动区活动，有依据儿童兴趣自由选择的社团活动，有家长资源开设的主题活动，有社会教育资源的大课堂活动，如汽车博物馆、花卉大观园、世界公园、北京图书馆等。自由更体现于儿童独立的行为、独立的意志、独立的精神。当儿童自由与美好事物相结合，还有什么比自由与美好更能吸引人、陶冶人、教化人的吗？

附：圣野的诗

会叫的鞋子

我的鞋子真好笑，

走起路来叽叽叫，

小猫把我当老鼠，

跟在后面喵喵喵。

欢迎小雨点

来一点，不要太多。

来一点，不要太少。

来一点，泥土咧开了嘴巴等。

来一点，小菌们撑着小伞等。

来一点，小荷叶站出水面来等。

小水塘笑了，一点一个笑窝。

小野菊笑了，一点敬一个礼。

借力干部岗位竞聘,推进园所文化发展

三年一次的干部岗位竞聘是教工委干部管理中的一项常规机制,更是考验党员、干部、组织公信度的实战与练兵。二幼秉承"在竞聘中引领党员,在竞聘中锤炼干部,在竞聘中引导群众,在竞聘中培育园所文化"的信念,自2003年以来,历经三次干部岗位竞聘,使我园"自强不息,精进不已"的园所文化在竞聘中得到弘扬和深化。

一、开展干部岗位竞聘价值讨论,推动园所文化建设

以什么样的观点看待干部竞聘、用什么样的标准选拔、聘任干部,对教师、干部对事业、对教育的理想与追求是一种引导,更彰显着园所的文化和价值标准。

我园紧紧把握干部聘任这一契机,开展"干部岗位竞聘价值何在?它对我园文化和干部培养将带来怎样影响"的思考与讨论,力求通过讨论引导教职工站在实现园所发展、集体价值观的高度去认识和思考此项工作。

在此基础上,我们开展了"什么样的干部是二幼人心中满意合格的干部"的征集活动。在大家的问答回馈中,二幼干部的形象越来越清晰,干部的任职标准越来越完善,最终形成了二幼合格干部"五个一"的标准:(1)一种精神,勇于奉献,

乐于担当；（2）一种能力：把组织团队带向未来的能力；（3）一种情怀：爱教育、爱二幼、爱孩子；（4）一种觉悟：先人后己、先公后私、先苦后甜；（5）一种作风：脚踏实地、追求卓越的作风。

标准的形成是大家价值取向、认识高度达成共识的过程，更是对园所文化内涵条析厘清的过程。标准使每名干部心中树立起"逆水行舟，不进则退"的危机意识，树立起"不断进取，争创佳绩"的业绩意识，树立起"一马当先，舍我其谁"责任意识。

二、有效运用竞聘演讲，弘扬园所文化内涵

演讲是干部竞聘程序中的一个环节，也是促进竞聘者对自身工作梳理总结，对园所工作反思、积极提出改革与创新设想的过程，是培养干部务实作风、弘扬园所文化的一个机会。

演讲前，我们找竞聘人员谈话，鼓励他们讲出想成为干部的愿望、动力及对园所工作的设想，引导他们辩证认识个人成长与组织发展的关系。

演讲时，我们鼓励群众依据竞聘者的演讲提出问题。讲台下一个个犀利而发人深思、尖锐而富有实质的提问使竞聘者在追问中提升着对园所"追求卓越"的思考，也使教职工在聆听中加深着对提高园所品质的认识和理解。

演讲后，我们召开竞聘人员、党员和骨干教师会议，请竞聘人将自己对园所工作的设想，结合大家提出的问题逐一整理成条，重新论证自己措施的可行性，大家群策群力进行完善。经过集体论证后的设想，成为了干部的承诺与工作任务，也成为教职工们共同的目标。我们给干部建立相应台账，做到谁提出，谁主管，谁负责。很多工作成为了园所三年规划的重要补充。

三、深入开展团队诊断，扩大园所文化影响

干部竞聘中的民主测评，既是考察干部个人素质水平的重要指标，也是对园所干部队伍管理的一次检验与评价，是对干部进行个性化教育的最好契机。

1. 做好队伍诊断，彰显园所文化的引领作用

首先，我们在统计干部得票的基础上，进行每个人的逐项分析，结合数据与访谈，让干部正视自身的优势与不足。民主测评对干部个人素质的提高提供了一次活生生的教育大课堂：群众的鼓励与肯定，让干部感受到信任，明确了肩负的责任，而群众的意见与建议，也引发干部更理智地审视自己，寻找差距。针对不足，每位干部制定出改进措施，整改结果纳入下一年度干部的考核。

在做好个人诊断的同时，我们分析、挖掘以往园所管理中的优势与不足，召开了全体党员干部会，通报得到群众认可和希望我们改进提高的方面。如干部思想素质好与较好率为95%，工作作风92%，清正廉洁98%，但干部的工作业绩为90%。数据说明干部整体水平得到了大家认可，但是按照园所"提高品质，追求卓越"的文化内涵，干部业务水平还需进一步加强。针对此问题，我们完善了干部个人和整体队伍的培养计划。

团队诊断使干部明确了前进的目标和方向，在干部心中"五个一"的标准再一次得到强化与确认，二幼主流价值观也在这一过程中得到进一步深化。

2. 加强干部教育，推进园所文化发展

干部的产生是双向选择的结果，是群众信任与尊重个人意

愿的结合。竞聘当选成为干部,并不意味着终结,而是一名干部对集体、对群众责任的开始。

新一届干部队伍产生后,我们召开全体党员干部会,进行干部身份与责任的讨论。在讨论中,大家把"追求个人理想、自我价值"和"实现组织愿景、教师期望"统一起来,把权力与责任、管理与服务、品质与发展统一起来,形成了正确的权力观、责任观、业绩观,增强了干部们为民服务的责任感和使命感。

干部竞聘提升了队伍素质,强化了园所文化,推动了园所发展,通过竞聘竞出了士气、竞出了精神,增强了园所凝聚力、战斗力,也使园所文化在每一名教职工的心中深深扎根。

营造有意蕴的园所文化环境

重读李泽厚《美的历程》，第一章论及原始巫术礼仪的图腾被人们逐渐简化和抽象化为纯形式的几何图形时，李泽厚认为："抽象几何纹饰并非某种形式美，而是：抽象形式中有内容，感官感受中有观念，内容积淀为形式，想象、观念积淀为感受。"这让我联想到我们幼儿园的环境文化。一直以来，很多学校认为把文化张贴于墙壁成为口号、付诸于文字，以为这样就是校园文化，而我一直拒绝着这样的文化表达。我认为文化的形式不应是这样，文化内容应该用孩子们可以接受的方式来呈现，文化内容的形式应该是艺术的，而这种形式的呈现，其中一定包括观念、想象的成分在内，它使我们观念性的（园所文化）东西让儿童和成人用自己的感觉去解读和领悟，正如李泽厚所讲："内容积淀为形式，想象、观念积淀为感受。"

二幼东园一层的壁画是大海中的《鱼》，那不是具象的某一种鱼，而是一种被简化、抽象的鱼。鱼代表着自由自在，无边界的墙面代表着宽阔的海洋，鱼儿在大海中自由地生长、游玩。它们有自己独立的行为，独立的意志，独立的思想，这些正是我们教育理念的表达与阐释，我们只是提供儿童一个丰富的、自由的、足够大的环境，让儿童畅快自由地顺其本性地成长。亮银色的材料被设计、装置出大大小小的鱼所组成的鱼群，从天际边游来，每条鱼带着它们本来的式样，带着它们原始的状态，更是一种艺术与美、与自然的表达。有的时候，儿童会对着其中的某一条鱼说："我喜欢这条鱼，这条鱼游得好看！"孩子的语言折射出他们内心中对于个性的表达和美的体验。那时那刻，孩子便化身成其中的一条鱼、一朵浪花，畅游在成长的森林和快乐的海洋中。

幼儿园一楼的玄关，我们设计为镂空的各种鸟的动态造型，脱离于写实状态而被艺术化的鸟更加地富于艺术美感，变化的鸟的造型给孩子们以更多的想象空间。鸟儿或高飞于天，或嬉戏于水中、地面，或独立或成双，或远望或回眸，或凝视或沉思，自由而舒展，优美而多姿的动作与神情，让我们知道鸟在它们的世界里过着属于自己本性的生活。这样的设计体现出美是"有意味的形式。"我认为这样的环境，这样的园所文化才是一个让孩子充满着想象、充满着观念的、美好的园所文化环境。

园所的环境一定要突出与孩子们的互动。我认为，这种互动不仅仅是孩子能够伸手所及、随意把玩的东西，更应该是和孩子们的心灵存在着某种情感的契合。孩子能从中找到自己的影子，心灵上产生合拍的共鸣。飞鸟和鱼都是最自由、自在的表达，这种可变的形象就像天上飘浮的云朵，给了孩子们无限的想象空间。儿童在凝视、感受、想象中，将自己化身成其中的一条鱼、一只飞鸟或是一朵浪花。这时候，环境本身就成了幼儿，幼儿也成为环境的一部分。

鲁道夫·斯坦纳认为，物质环境对正在成长的儿童非常重要。所谓物质环境，不仅包括儿童身边物质性的东西，也包括儿童感性所能达到的一切活动，包括一切被儿童看在眼里，有道德和没道德的行为，理性与非理性的行为，这些都能从外界深入，影响到儿童的内在精神活动。儿童的身心和灵性都是被环境塑造着，因此环境必须给人以美的享受，用美来塑造儿童心灵。而另一方面，人和周围的环境也是一个整体，如果说学校的建筑物是环境的躯体，人就是建筑物的灵魂，一所学校的建筑物可以丰富人的灵魂，因此学校的设计和布置要让孩子们感到美、亲切和温暖。

园长的札记

第四章
且行且思的教育与人生

教育与人生总是紧密地结合在一起，正所谓"教育即生活，生活即教育"。教育的终极目的是帮助人们实现美好的人生，而对日常生活的反思也总能给教育以启迪：无论是在北大的学习札记，还是对异地的教育考察，抑或是就日常琐事的审视反思。且行且思！

北大：一个遥远的梦

——北大札记之一

尽管自己是那么深深地、无比地向往北大，但在考量过自己的智商与刻苦学习的程度之后，我无奈地想，也许这辈子注定是与北大无缘的，也因而从没有认真地了解过北大、走进北大，北大在我的生活中很遥远。有了女儿，也尽心竭力地去培养，可由于北大在我心中的高度，我从没希冀过她能上北大，因而女儿也在我的意志下考进了北邮，北大依然是这一生中遥远的梦，可闻、可见而不可近。2013年11月，在丰台教委"打造高端、前沿的校长"培训理念下，为校长、园长开办了教育管理与领导力提升高级研修班，我第一次走进了北大校园，坐在了北大的教室里。

这里的教室与别的教室没有不同，投影仪投下的是微微泛黄的光，仿佛在观看一张张老照片。开班仪式很简洁，北大教育学院一位副院长首先做了开班欢迎与动员，他的话听上去很随意，人也看上去很平实，但话语中透露出来的却是北大人的霸气、自信与骄傲。他讲了北大精神与文化，北大人的精英意识，为国为民的责任意识。他说这是每一位北大学子必须要承受和担当的，北大人最大的心结是"绝对不可以平庸"，来北大就是为寻求改变的。

　　责任意识我懂，但精英意识、"绝对不可以平庸"，我一时无法全然理解，这大概就是在什么位谋什么政吧，北大的学子们就是要去承担对社会、国家的推动、变革的责任吧。教工委宋书记讲话，希望北大这一个月成为我们人生中一个重要的过程，抑或一个起点、一个转折点，珍惜机会，用心悟道。

　　开班的第一堂课设计得非常好，杨虎老师讲"北大风物与人文精神"，使我们较为系统地了解了北大的历史、发展和人文精神。一边听一边暗自后悔着、私下感慨着，真想让时光倒流，两个半小时我几乎都在不停地追问自己："为什么没有在16年前或者更早地了解北大，那样女儿也许便是一名北大的毕业生了。"不是因为北大的名气，而是因为了解、因为热爱、因为北大精神中那一分为国为民的担当和责任，也因为北大的人与事、北大的方物与风景。

　　京城西北郊的燕园，未名湖、石舫、博雅塔……处处显露着她的历史，她的气度，她的雍容，但北大人才是北大文化与精神的魂，北大真正的魅力所在，李大钊、陈独秀、蔡元培、季羡林、胡适……一个改变中国命运的摇篮地，思想的发源地，北大缔造了他们，他们成就了北大，也改变了中国，这就是北大的"范儿"，北大的"魂"。

数字的魅力：科学的思维方式带给我的启示与思考
——北大札记之二

很少想过会和枯燥无味的数字打交道，也少有这方面的知识，但今天王其文教授"数字中国——中国的过去、现在和未来"一课却让我觉得耳目为之一新。王其文先生依其多年来学术研究所积累的大量权威数据，从 GDP 概念谈起，结合社会生活中通俗易懂的经济事务和实例，生动分析了新中国成立 60 多年，尤其是改革开放 30 多年来的经济数据变化，为我们展现了新中国成立以来我国经济发展的宏大画卷。王教授的课程与其说是一堂经济学讲座，不如更确切地说是一堂爱国主义教育，他从中国的经济发展轨迹、发展瓶颈和未来展望三个方面，从一页又一页翔实的数据里，让我们看到中国的快速发展与变化，让我们为祖国的前进而骄傲。

这是一个用数据来说明问题的课程，一个让数据成为课程主体的教学。身为一个幼教人，我承认从没有上过这样的课程，我们一直是一个习惯于用生动的语言来说明各种现象和问题的人群，今天我才认知到数据的严谨，体会到科学思维的力量。

教学的最后，王先生把如何收集整理数据的心得和学生作了交流，王教授思考问题的角度和方向、治学态度和精神展示给我不同的思维方式,他不仅在讲述数字中国,更是在启迪我们以科学思考的精神和理念。

　　成千上万、密密麻麻、数也数不清的数据收集、整理、分析,那一串串、一页页让年轻人都为之眼晕,让我望而却步的数字,于 70 多岁的王老先生而言,却乐趣在此,追求在此,成就在此,北大人的精神正在于此。

第四章　且行且思的教育与人生

"一日看尽长安花":诗词里的赤子之心与爱国情怀

——北大札记之三

不得不说,这是迄今为止我所听到的最为精彩的一课,精彩于老师的学识渊博,老师的胸襟气度,老师治学的态度,老师那行云流水的板书,老师那气势磅礴的气概。整整一个上午,他如一块大大的磁铁,分分秒秒将我们深深吸引,须臾不可离开,他让我崇拜,让我仰望,让我叹为观止。有如此之大的磁场吸引着我的即是北大中文系程郁缀先生。

昨晚接到班主任的短信,告知明日务必不可以迟到,据说程郁缀先生是一位非常严厉的教授。8时15分进入教室的程先生,正做着课前的准备,不时翻看着同学们的点名册。他一身藏蓝色的西装,打着酱红色带蓝点的领带,西装的右上方口袋上端端正正地别着一枚北京大学的校徽,花白的头发一丝不乱。8时26分,同学们大多已经端坐在位子上静静地等着上课,程先生也在等,等一位桌上摆着本子而人还未到的学生。8时30分,程教授准时开始讲课,首先告知:"请同学们关上手机,浮生难得半日闲,如果谁看手机接电话,就请出去不必再回来,因为讲台是神圣的。"

程先生主讲的内容是"中国古典诗词鉴赏与人文素养的提升",开篇即以闻一多先生的一首诗为题,详细介绍了闻一多先生的生平、性格,把闻一多先生爱他的祖国,爱他的人民,爱他的学生,爱他的讲台,知行合一、即如是说、亦如是为的文人名士气度活脱脱地讲述出来。

先生讲论《伐檀》:"坎坎伐檀兮,寘之河之干兮,不稼不穑,胡取禾三百廛兮?不狩不猎,胡瞻尔庭有县貆兮?彼君子兮,不素餐兮!"直面当代劳而无功,不劳而获,贫富、贵贱不合理的社会现象,指出早在2500多年前我们的先民就在抨击社会的对立和不公正,追求人类的自由、公正与和谐。几千年过去了,这种对人文精神的追求和向往依然炳映史册,闪烁着劳动者的智慧与光辉。

论及《楚辞》,程先生回身疾书:"亦余心之所善兮,虽九死其犹未悔。"从"哀郢"到"怀沙",由"橘颂"至"国殇",把屈原高风亮节、忧国忧民、忠君爱国的赤诚之心一一讲述给台下的学生,字里行间,充满了感人至深的诚挚深情。讲到屈原自沉汨罗,语气沉婉、神态端穆,告诉我们屈原的爱国主义精神是我们中华民族的伟大遗产,是每个中国人的刚直脊梁!鼓励在座学生牢记中华民族伟大的传统并一代一代地传承下去,这样的民族,才是一个有希望的民族。

一堂课,三小时,程先生历述中国二十四史,讲家国之忠诚,讲山河之壮丽,讲修身养性、讲经世致用。无数的名言警句,历史典故,先生信手拈来,指点江山,激昂文字,历历如在眼前。讲到李白"酒中八仙"的飘逸、俊秀,讲到杜甫的沉郁、雄健;

既有"胡马依北风，越鸟巢南枝"的依恋，也有"离别家乡岁月多，近来人事半消磨"的感慨；有杜工部《茅屋为秋风所破歌》中的兼济天下，也有吕坤"替别人着想，乃第一等学问"的情怀。

从诗经到楚辞，从建安风骨到六朝粉黛，从唐宋讲到明清，远迄上古三代，近及民国"五四"，从屈原讲到曹操，从陶渊明讲到杜甫、贺知章，中华民族两千多年璀璨绚丽的诗词歌赋在他的话语中、在他的板书下如银河飘落九天，娓娓道来、滔滔不绝。如果说诗歌是他的专业，那他的研究已经至穷至工；如果说板书是他的工具，那他的书法已近至善至美。尤为令我心动和深深感染的是他对祖国，对人民，对亲人的那分深沉的眷恋、无比的深情，那颗澎拜的赤子之心。

从始至终，程先生所讲的每一首诗都在教导着我们爱国、爱家、爱亲人；每一首词都在激励着我们报国、报恩、报父母；每一首歌中他都让我们谨记我们是华夏儿女，鞭策我们要做一个志存高远，善良而高尚的人。通过他的讲解，我们懂得了中华五千年的诗歌史就是一部"大爱"的历史，在他展开的诗歌长卷中，我们清晰地看到那时刻跳动着的爱国之心，他或铿锵或柔情的话语更让我们明白作为一名中国人该有的担当与情怀。程教授七次示意我们在本子上标记，不是让我们去记住哪一首诗，哪一首词，而是让我们铭记要报答祖国，报答学校，报答母亲，让我们记下对祖国、对家、对亲人的责任与爱。

这一堂课里，我一直泪流满面！

三小时的时间太短暂了，我没有听够；三小时的时间太紧促了，我难以把握。两千多年中华灿烂的诗歌画卷在眼前匆匆掠过，但这三小时却打开了我们对中国古典诗词的向往与探求之路，镌刻下我们对祖国、对人民深沉的爱与无尽的责任。课后，同学们纷纷购买程教授《一日看尽长安花》的书稿，这是程先生历时六年之久，在专家讲坛的讲稿集锦。我能感觉出大家的所思和所想，这大概是对中华古诗词的一种渴望，也应该是对程先生最大的尊重与褒扬。我在得到书稿之后请程教授签名赐字"园丁幸福"，因为从教授的身上，我深深地体会到作为一名园丁的幸福与责任。

第四章　且行且思的教育与人生

在喧嚣匆忙的生活中安顿心灵:中国古典名画赏析
——北大札记之四

在紧张而忙碌的现代生活中,我们确实需要有这样的艺术生活,进行这样的艺术赏析,使我们浮躁而快速的生活慢下来,让喧嚣、热闹暂时离开我们的耳畔,而让心灵、视觉回归于自然,于山水,于宁静之中。

今天北京大学艺术学院副教授白巍,给我们带来了中国宋元山水名画赏析,从李成的《读碑窠石图》,到范宽的《溪山行旅图》《雪景寒林图》,到郭熙的《早春图》《窠石平远图》《幽谷图》,再到李唐的《清溪渔隐图》,马远《山径春行图》,直到赵孟頫的《鹊华秋色图卷》,黄公望的《富春山居图》。虽画幅不多,但让我们领略了我国宋元时代最好的山水画,在尺幅之间我们随着画卷的展开趟过了溪水,登上了高山,走进了山林,也走入了历史,走入了画者的年代。我不懂画法、笔法、构图,但景即境,生活之境,心情之境。我感受着每一位作者的心境,体会着李成画境的旷远及他的无奈,和艰难也要走下去的坚持;解读着范宽画面的雄杰,与他共同进入平静与繁荣时的畅快与高昂,领悟着那一幅幅画中或峭拔或平远的山,或激荡或清浅的水,或葱郁或萧疏的树,或平坦或弯曲的路及那画者的心路与意绪表达。

　　半天的赏析，我本忙碌的心绪，慢慢沉浸在宁静里，止步于山前，停留在溪边，漫步在林中。我穿越了千年历史，也度过了一个个春夏秋冬。我深深地领悟，自然永远是我们最该去的地方，心如果无处安放就请安放于自然。陶渊明安放在了桃园，王维安放在了蓝田辋川，苏东坡安放在儋州，孟浩然安放于山水，严光安放于富春山。

第四章　且行且思的教育与人生

科学的目的原来是为了实现人格的美好

——北大札记之五

园长的札记

　　科学的目的是为了实现人格的美好，科学的本性是自由。这是自己有生以来第一次听到这样对科学的解释。"科学史——西方科学的起源与发展"主讲人是北京大学哲学系吴国盛教授、博士生导师。课堂上老师没有幻灯片，没有一张纸，就坐在那里和学生侃侃而谈，而我却记了满满6页笔记。

　　科学，从我知道这一词汇时，我就一直理解为知识与技术。在未曾聆听这堂课之前，我坚信："科学技术的根本目的就是为了改变人们的生活，科技就是生产力。"我也一直认为数理化其实对于我个人的人生与工作来讲没有太大的价值与作用，因为到今天我依然证明不出那些前提条件怎么看都不够的几何难题，我也一直困惑于陈景润穷其一生力图证明的"1+1=2"的哥德巴赫猜想到底有什么用？

　　听了吴老师的课，我还是没能如醍醐灌顶一般豁然开朗，对于"最初古希腊科学的本性是自由，科学是为了实现人格自由的途径，科学是一种纯粹的知识，是一种无用的科学，知识是我们内省的东西，学数学是为建立基本的人生态度"等哲学问题，我依然似懂非懂，但我已知道科学不仅是我们原来理解的那样。

这让我想起曾与一位画家朋友谈及"关于艺术引领生活"的问题。20世纪荷兰画家蒙德里安是几何抽象画派的先驱，每当看到以几何图形为绘画元素构成的作品，我们就知道这是蒙德里安的风格。很多年前第一次看到他的作品，我不明白为何这样的作品会是世界名画？只觉得它很美，是一种秩序与均衡之美，却说不出为什么喜欢。后来朋友跟我讲，蒙德里安的艺术以表现抽象精神为目的，追求人与神统一的绝对境界，他的作品是他内在精神的一种表达。然后，到了今天我们会看到蒙德里安的艺术形式为建筑、家具设计、装饰、印刷等所带来的巨大影响，它已被广泛运用到我们的生活之中，美化、艺术了我们的生活。关于绘画的本质，林风眠先生曾经反复强调："绘画的本质就是绘画。"我想这大概如同数学是为了证明我们知道很多自己都不知道的事情，几何学是为了让人理解真理是怎么回事，科学的本性是自由，而科学作为人类不断探索真理的认识活动，最终为技术提供指导，使之成为了我们把握自然，理解和改变世界的工具。但这不是科学最初的目的。

由此我不断反思，我们的教育中是否功利主义太多？是否应回到科学的本源、教育的本源，实现通过教育和科学的探索去追求实现人格的美好与自由，然后把其他交给自然和未来，就像蔡元培当年为北大确立的宗旨："为学问而求学问。"

关于"范式"的思考

——北大札记之六

北大教师卢晓东,一位中年才俊,今天给我们讲了一堂关于"范式"的讲座。在北京,中国各大高校的毕业生几乎100%毕业,而美国这个比例则只有30%。大家拿着一样的毕业证,却不知道谁合格谁不合格。为什么近代科学的蓬勃兴起没有发生在中国?如果说学生过去不够努力,未来需要更加努力吗?对于儿童的教育,需要循序渐进学习完所有的科目吗?比尔·盖茨和乔布斯都没有上完大学,但是他们在学,只是没有按照老师的教授去学习,但是他们改变了世界。当前我国的学时越多,给儿童的动手实践时间越少,儿童的创造性就越小,幼儿的才智在这种课程范式中窒息、死亡。大学真的需要那么多课时吗?韦小宝用两把手枪打倒两位一指禅的高僧,非死即伤,说明什么?当中国远古的一指禅"武功范式",遇到八国联军火烧圆明园的"子弹范式",我们无以招架;当伊拉克战争的"武力范式"遭遇美国现代"信息化范式",伊军无还手之力;当信息化战争打破我们"敌进我退,敌驻我扰,敌退我追,敌疲我打"的游击战的准则,长征再无可能;你目前所知正是你当下所障。这一连串的观点,一连串的发问,我的"三观"被强烈地冲击着。

我无法确定其正确性,但老师给了我一个质疑,一个思考。课上老师的例证也让我觉得范围很小,毕竟比尔·盖茨、乔布斯是特例,而没有退学、事业成功的人还比比皆是,如马云、马化腾、俞敏洪等。但我觉得老师给了我们从另外一个角度去看教育,去思考我们教育的方式、课程设置以及我们教师本人所拥有的知识结构、理念认识是否适合于当代教育。

《中国青年报》有这样一篇文章《那些改变世界的科学少年》,介绍了两位年轻的创新者。一位是泰勒·威尔森,这名少年在没有政府资助的情况下独立建造了核反应堆,还发明了新型核辐射探测器,以高出数百倍的灵敏度取代了现有设备。另一位是15岁的美国中学生杰克·安德拉卡。杰克的叔叔因癌症去世,为此,他致力于"胰腺癌"早期检测方法的研究,在尝试了超过4000次失败之后,他终于找到了判定癌症的标志物,并发明了便宜又可靠的癌症试纸。

是谁?是怎样的环境给了他们创造成就的机会?他们的生命遇到了谁?哪些事让他知道了他的兴趣所在,什么样的教育开启了他生命中那把创造之匙?

教育中有两个元素,一是老师的"教",二是学生的"学"。对这两个因素的关系进行分析,我们会发现教育的目的不是"教",而是如何促进学生"学",好学生者好"学""生"。教师就是要积极探寻学与生的秘密。美国心理学家罗杰斯在其经典短文《我对教和学的思考》中说:"我终于感到,唯一能对行为产生意味深长影响的学习,是个人发现并把它化为己有的知识。这种化为个人所有并同化到个人经验中的自我发现的知识,不能直接传予他人。"

具体到"范式",从武功范式、子弹范式、武器范式、信息范式的不断演进与发展,其背后有一个根本的问题需要我们追问:什么样的教育,培养了什么样的人成为了推动社会发展的动力;什么样的课程架构、课程模式才能培养出如比尔·盖茨、如乔布斯那样的孩子?

"课时越多,儿童创造力越小"这种说法不一定全对,但一个定理、公式从老师口中讲出来的时候,孩子们能真正理解、内化多少?"死记硬背能给儿童的成长带来多少有用的价值"是我们要直面而不能回避的问题。乔布斯的爸爸是一位汽车修理和装配机械师,这让乔布斯很早就接触到无线电并且拥有了动手操作的机会与能力。与乔布斯一起创业的沃尔尼兹,也中途退学,父亲是一位无线电高级工程师,他成为沃尔尼兹成功的启蒙与引领者。比尔·盖茨和乔布斯不是课堂教育模式的结果,他们身上凸显的是学习者生机勃勃的学习动力和生命力,基于互联网时代的自我学习以及家长、学校对这种自我学习、自我探索的宽容和鼓励是他们成功的重要因素。

写到这里,让我想起在幼儿园里有这样一个孩子,名叫乐乐,在教师的最初引导下乐乐喜欢上了插片,从插直升飞机到双层公共汽车,从消防车到水泥罐车,孩子痴迷地不停地每天创造着新的东西。一天,他要插游乐园的大观缆车,但孩子已经不满足于只是观赏,他要让观缆车转起来,就如游乐场的一样。在我们的以往经验中,拼插的插片玩具从来没有动起来过,但孩子的思维认识世界里没有旧有的模式。在他的执着下,老师与乐乐一起终于用一根铁丝作为轴心,共同创造出了能转动的插片观缆车。此后乐乐又拼插了一辆高铁卧铺,他相信列车一定能在铁轨上跑起来，老师支持着他的想法。在老师的通力协助下，插片的轨道上被用两条光滑的板子固定在铁轨上，火车在轨道上终于跑了起来。为了完成这样一个作品，4岁的乐乐从下午2点到晚上8点半耗时近7个小时一气呵成，中间没有休息。这让我们看到了孩子的力量、兴趣的力量、创造的力量。

在这里，老师引导的不是我们常规的课程、课时，我看到的是教师对过去旧有教育范式的背离，但这样的学习课程，给了孩子自我构建知识的能力，构建自己内在世界的能力，给特殊兴趣孩子的发展提供了最恰当、最有用的支持与帮助。

教育的范式永远都会存在，只是教育的范式要凸显出儿童"学"的重要性，凸显出学习者生机勃勃的学习动力和主动性。

领导力与园所发展

——北京大学 30 天学习心得

在北大聆听中国最高学府中顶级学者的讲课,如沐春风,如饮琼浆,每一堂课都觉得眼前又打开一扇窗,脚下又展开一条路,将我带向远方、带向美好、带向未知,也带来渴望。每一节课后,都从心底升腾起要学习、要读书、要探索的欲望。程教授的课后我认真翻阅了他的著作《一日看尽长安花》《唐诗宋词》;吴学盛教授的"西方科学思维"讲座后,脑海中久久挥之不去的思考驱使我上网查看了他的介绍及他推荐的书目;阎步克老师的"官僚制度"吸引着我又把讲座幻灯片重新浏览观看了一遍……为什么我会这样做,是什么让我有如此的行动与渴望,是知识领域本身还是教授这知识的人?我不停地追问自己。一周学习回到家,向母亲汇报学习成果。母亲听后一再嘱咐我:"你都记下来了吗?你把它整理好,千万别忘了,然后等你闺女回来讲给她听。"

此次培训的主题是"教育管理与领导力的提升"。经过一个月的努力,从课程安排和学习中,我感悟最深的一点是"校长领导力与学校发展的关系。"

一、牢记为国为民的责任意识，是校长引领学校发展的根本

开班仪式上，北大教育学院副院长说："北大的学子，进入北大后就要牢牢树立起两个意识：精英意识和为国为民的责任意识，进入北大就是为了寻求改变的，你们这班学员进入北大是要从另一个角度思考教育的目的。"当时这番话我记在了本子上，没能入心。一个月后的今天，这番话已细细地被我咀嚼，并深深地植入我的心田、滋养着我。

中文系程郁缀教授的中国古典诗歌赏析讲座，从先秦到明清，从诗经、楚辞到唐诗宋词，在他展开的中国诗歌长卷里我们看到"中华几千年的诗歌史就是一卷爱国史"，每一首诗中程先生都教导我们要爱国、爱家、爱父母，每一首诗中都激励我们要报国、报恩、报父母，让我们谨记要努力奋斗，争取为我们的民族留下一个第一。交响乐欣赏课上那位年轻的副教授，与交响乐欣赏贯穿始终的另一条主线是他对培养学生美好人格的理解，对教育的责任与使命。考古周公的教授对中华古文明的自豪、对专业的坚守让我们敬佩赞叹。这样的情怀，这样的责任已深深地植入了北大人的骨髓，并在他们的教育舞台上随处闪耀。马寅初先生在北大二十九周年校庆上说"所谓北大主义者，即牺牲主义也。服务于国家社会，不顾一己之私利，勇往直前，以达其至高之鹄的"，"此种虽斧钺加身毫无顾忌之精神，国家可灭亡，而此精神当永久不死"。这是北大精神令人震撼的地方，因为这是一种超越了大学本身内涵的精神，因为世界上没有任何一所大学能和北大一样，跟一个民族的命运如此紧密地联系在一起，为了国家而敢于牺牲自己。北大校徽

里全是人，最下方一人奋力担起肩上两人，象征北大人肩负民族重任，奋力托起民族希望与未来的使命。我理解了"精英意识"不是北大学子个人的成才与骄傲，支撑他们每一个人成为精英的根基是对国家的责任，对民族的使命。我又一次领悟着，我之所以被北大人深深吸引，有他们的学术观点，有他们的才华横溢，有他们的独特视角，但更有他们为国为民的这份情怀和北大精神。这是最无形、最强大的影响力、领导力。

"使命管理"是美国德鲁克基金会主席弗朗西斯·赫塞尔本一直倡导的管理新理念。她认为一切工作都源于使命，并与使命密切相关。你不是为了管理而成为管理者，而是为了使命你成为管理者，你所做的一切工作，无非是与大家进行沟通，让大家接受这个使命，然后团结并带领大家，朝着这个使命方向前进。

因此，在二幼"至乐教育为儿童积极的人生奠基"，"让每一名儿童按照自己的内在节律起舞"，"用爱和教育实现一切梦想"，成为我们牢记于心的责任。我们通过各种活动来强化教师们的使命，坚持开展每年一个主题的文化培训，先后进行了《品牌与文化》《赢在执行力》《大智慧》《骨干是折腾出来的》《论语》（于丹）《必胜》（金一南将军）等图书学习活动，《亮剑》《天上的星星》《我是演说家》等电影观看活动。同时我们开展大讨论，使教职员工认识到没有使命感的教育是盲目的，没有责任的教育是轻薄的。真正的教育不仅应该具有效率和效益，更重要的是要具有灵魂，具有坚定而明确的价值追求。使命与责任赋予教育以高度和灵魂。园所的品质、风格来自于每位员工的一言一行，更是教师责任感、使命感的体现与表达。

二、给学校思想自由的空间，是校长提升学校发展的关键

北大蔡元培先生开创的"思想自由，兼容并包"之学风，在一个月的课程中让我们体会颇深，我们充分感受着北大自由、开放的学术研究之校风。卢晓东副院长在主讲"试答'钱学森之问'，创新人才培养"一课中，不断对中国教育课程范式加以分析、提出质疑，"你的所知正是你的障碍"这一论点，引发我们去思考当今课程设置与教育策略的问题；"科学史——西方科学起源与发展"主讲人吴国盛教授"科学的本质是自由"的大胆命题不断刷新着我们对"科技就是生产力"这句影响了我们30多年的重新认识；专业研究为教育经济学的丁延庆教授在本非自己专业、非本学科研究领域中，给我们讲授"中国传统与现代政治文化散谈"，其依据自己对中国政治历史的研究、依据对历史脉络的把握为判断尺度，在各种讲堂上对当今国家领导人班子组成与构建所做的预测，让我们为之一惊，也为之赞叹。我想这正是北大之所以成为北大的原因，在学术之上他们呼吸的是自由的空气、脑海中驰骋的是他们自由的思想，由此带来了学术研究领域的自主研究、活力与创新，而北大给予了广阔的平台与包容。

战国时期齐国的稷下学宫曾给与文人自由思想与言论的自由，使齐国繁荣而强大；李唐一代，我们以开放的胸襟和气度容纳着各种外来文化从而使唐朝走向中国历史的鼎盛。谁给了北大教授们这样自由的学术空间？谁给了稷下学宫学者们广泛议政的自由？谁给了盛唐海纳百川的气魄与作为？无疑一定是北大的校长、齐国的国君、唐朝的帝王。

继而反思我们的管理中所存在的"领导一定比老师强"这一观点，我们会觉得这样的经验规则运用了十几年应当没有问题，殊不知，却使教师中本已生发、出芽的创新思维被压制、被扼杀。我们常常敢于在教师常规管理上"较劲儿"，由此带来的问题便是"把教师的常规管住了，也把教师的'灵气'管没了"。我们觉得我们手把手、事必躬亲才叫领导力，我们管控一切才觉得领导力更强，我们意识不到自由的、开放的、宽松的创造环境是更大、更强的领导力，一如我们没有搞懂科学是为了人本身的自由，而绝不能掺杂任何功利与目的。

通用汽车副总裁马克·赫根曾经这样对领导者作出描述："记住，是人使事情发生，世界上最好的计划，如果没有人去执行，那它就没有任何意义。我努力让最聪明、最有创造性的人们在我周围。我的目标是永远为那些最优秀、最有天才的人们创造他们想要的工作环境。"提供自由而宽松的思想空间，让教师自主自觉发展，因此，在教师团队中我们创建了"骨干教师自主研究团队"，由骨干牵头教师自由报名参加，有"信息技术研究团队、音乐教育研究团队、美术课程研究团队、语言绘本研究团队"等，她们基于自身的爱好与特长自主组织，自己设立研究项目，自主开展活动，自觉推动园所课堂改革；在每学期末以团队的方式展示研究成果。

另外，我们让班级自主订立班级教育特色。教师依据自身的研究与特长，把教育研究与教育实践相结合，并落实在儿童的发展上。如有的班级自主开展IPAD教学研究，有的进行音乐欣赏与表演，有的进行绘本阅读与语言发展，有的尝试中国传统水墨画，有的发展舞蹈表演与创编，有的实践废旧物制作与创造等。在这样的管理机制下,老师们的潜能与智慧被激发出来,进而使教学和课程变得生动无比、多姿多彩。

三、让不同的思维方式并存,是校长推动学校发展的动力

北大教授讲课时,每一位教授除自身研究的教育学科外,都依据自己的兴趣爱好做着多方位、多领域的研究,甚至学科领域跨度很大,并可在学校内跨学科授课。教授《易经》的王余光老师与教授哲学的李中华老师,同样地讲《易经》,却是不同的两个角度,这来源于他们不同的研究领域,一个是图书馆学对资料的研究角度,一个是从中国哲学的角度;"历史与现实——行政区划的演变"主讲人韩茂莉教授原本学物理,她的讲课缜密且条理清晰。而北京大学计算机软件理学硕士缪容教授为我们讲的却是"脑科学——人是如何学习的"。中国官僚制度、交响乐欣赏、禅宗智慧、思绪创新与科学决策等课程,教授们展现着不同领域、不同思维方式去看问题所产生的独特观点与独特视角。我想这样的一种学术研究之风,既是授课机制,更是一种管理制度,它使教授们的知识更加渊博,思维更加开阔,也给北大不同学科领域吹进一股清风,注入一汪清泉,为北大不同学科领域带来不同的思维角度、思维方式,推进了学科领域研究的新视角。北大的学子们很有幸,他们的课程开设在异常广泛的领域里,并拥有选修与自由听课的众多良机和选择。

思维方式是人体大脑活动的内在程式,是看待事物的角度、方式和方法。不同国籍、文化背景的人看待事物的不同角度和方式即是思维方式的不同。世界著名的人类学家玛格丽特·米德曾说:"永远不要怀疑,一小组有思想和关心的公民可以改变这个世界,事情的确就是这样。"

因缘于此，我们在幼儿园中建立了"骨干教师走班制"和"特长教师好课申报制"，骨干每学期8节教学，自己任选，可以到别的班级去讲课；特长教师和其他教师认为自己非常出色的一堂课，也可以向教育主任申请，到别的班级去上课。这样就给了教师们一个更大的平台，使优质教育资源得到最大化，教师之间也得以相互学习与切磋，更为重要的是，不同班级的孩子们能够接触到不同教师的思维方式与方法，也获得了许多有意义和特色的教育课程。

对于教师培养我们采取"问题输出式"管理思维，以往我们的管理都是输入，大量的时间和精力是在引领教师学习，灌输知识。我们总是假想教师是无能的，给他们开出各种药方。而今天，我们以问题开端，针对一个问题我们与教师相互提出许许多多的、大大小小的、简单与复杂的、专业与非专业的问题，构建起创新思维和不同思维方式存在的环境，让大家从头脑中"输出"问题。这样的问题是基于每个人的思考，同时每个人又向外输出新观念、新思想、新方法、新知识、新信息，基于每个人的知识与思维水平、思维方式。这里面没有正确答案，教师也不必受权威与年龄、职称等束缚而得以自由发挥。

有人说，校长要读懂教师必须要有三种境界：其一，我是你的知音（朋友）；其二，我陪你一起蹚过生命之河（成就教师）；其三，你我一起蹚过生命之河（共同成长）。为教师提供不同的思维方式，为其成长呈现极具个性的土壤，在个人特长的彰显中培育起教师个性与思维方式的多样性。也许唯有在这样的管理下，老师们的思维才会更开放，唯有这样的教师才富有创新的力量，这也是作为校长，其领导力的具体体现与价值所在。

四、丰富的学识、广博的知识，是校长成就学校发展的基础

此次北大学习课程开设的广而宽、高而深、杂而新，历史与哲学、科学与艺术、文学与宗教等，不同领域的课程给我们展现出不同的视角、多样的思维方式、事物的不同维度，我们闭塞的心灵与眼界被一次次打开，观念思想被一次次冲击。每一位教师针对我们这样的学生，在其自身的学术领域里深入浅出、因材施教，充分体现出了教师的教育功底和能力。我们不自觉地沿着他们的思路和目光追寻着前方，在他们的引领下我着迷、我感叹、我喜、我悲，我想成为北大教师的学生或子弟。中国人讲亲其师而信其道，北大教师的学识风采如此吸引着我，影响着我，我想这大概就是一种学者的领导力。北大校长蔡元培先生——一位不断读书求真学问之人，40岁留德求学，学成后出任北大校长并提出"思想自由，兼容并包"的改革原则，确立了"为学问而求学问"的北大宗旨及"五育并举"的教育思想，使北大成为中国思想和文化的先锋，毛泽东对其评价："学界泰斗，人世楷模。"

作为育人的园长，我们也该培育自己成为一位有丰富的学识和思想的园长，一位不断好学且能领跑园所的人，并带领教师们一起成为读书之人、学习之人。一园之长应该培育起自己这样的领导力！

读《国人为什么缺少特立独行的人生态度》所想

一个人特立独行的人生态度，我觉得源自于从小对儿童个性、爱好的认可和保护。尊重、允许儿童保持自己的特立独行、与众不同，让他做独特的自己，唯其这样，才能够使儿童长大成人后有自己独特的，不简单趋同于别人的选择、观点、看法，成为有自己独立思想与行为能力的人。他才会为自己的行为去负责，他才敢于去创造并享受其过程。

我们今天的很多孩子缺乏这样的一种能力，一种特立独行的能力、一种明确自己目标与方向的能力。比如，在大学报考志愿时，没有几个孩子是真正知道自己所爱、知道自己兴趣之所在而去填报志愿的。孩子的志愿是家长志愿或是用自己的分数去找可以报的志愿，争取让分数不浪费。大学四年，很多孩子学着自己不喜欢、不感兴趣的知识，甚至用一生去从事着自己不喜欢、不热爱的工作，其原因就是孩子没有能力让自己遵从自己的内心，去追求自己独特的愿望，这是多么悲哀的一件事情呀！

在一次培训课上，一位加拿大的老师让我们每一位园长讲讲为什么选择了幼教，几十位园长中几乎没有人明确地知道"自己是因为喜爱才选择了当一名教师"，而是说"妈妈说，老师这个职业，女孩干挺好"，"自己分数够上幼师"，"为了转户口"，"因为幼师属于师范第一批的招生里，所以就来了"。可怜的加拿大教师都不知道该如何去应对这样的一些回答。

这两天，一直在为女儿工作的事情着急。有一个资本金融中心的职务，在我们眼里这是一个多么难得的机会，一个有着无限空间和未来的高平台工作，一个多少人梦寐以求的工作，但女儿就是不去，她的理由只有一条"我不喜欢这份工作"。我们放弃了努力，放弃了在我们眼中难得的一次机会。

我想，这大概就是我们这一代人所受教育的后遗症吧。我们被统一的标准化答案训练着，在类似于工业化的程序式教育中完成学习，在同一化、同质化的教育里长大，我们价值观的分化程度很低，我们趋同于别人眼中或社会普遍认同的价值标准。今天我们依然带着这样的尺度，这样的观念去禁锢孩子、捆绑孩子。

还好，我们知觉！我们的观念在转变，我们的行动在转变。园所文化倡导的"至乐教育"，就是让儿童按照自己内心的节律起舞，做最好的自己，鼓励儿童具有坚持自我的自信，让儿童成为一个有自主能力的人，让儿童成为独一无二的自己，让儿童富有个性的成长，这是多么有价值、珍贵的观点与理念。老师们在这样的理念下，对儿童进行富有个性而快乐的教育。左左班的墨墨喜欢相声，老师让他在全班表演，并且给他在全园登台表演的机会。穿上长袍的墨墨，相声说得有板有眼，神韵十足，得到小朋友、老师们的一致赞扬。王老师班的胡书凯喜欢插插片，他用三个星期的时间，完成了一艘航母的构建。老师为他在全园办了个展，他还收了徒弟，将自己的经验扩展到了全班和全园。园里的每个孩子都有自己喜爱和专注的事情，这样的专注和喜爱是教育者必须要尊重和珍视的。在充分的尊重之下，儿童的生命色彩才会展现出不同的光芒，形成鲜明独特的自我。

乔布斯说："你须寻得所爱。"乔布斯找到了，因此他专注、热爱，所以他成功了！我们每个人只有真正地找到自己所爱、所乐，才能沉浸其中、乐在其中，才能实现真正的自我内在精神的成长与创造。

园长的札记

感受台湾，感受教育

——台湾教育考察报告

多次听从台湾回来的人讲台湾的山没有大陆的高，水没有大陆的美，但台湾的人文却给人最深刻、最美好的记忆与感受。2013年底随丰台教育工会教育考察团对台湾的中小学、幼儿园、职业教育进行了实地考察，我深切地感受与触摸到台湾教育所带给整个学生、社会公民素质与修养的深远影响与作用，也增强了作为一名幼教工作者的责任感与使命感。

一、学校文化建设彰显着教育者之价值取向

每所台湾学校几乎都有自己独特的教育哲学和教育理念，都在精心设计、不断建构和清晰表述本校的愿景、理念和目标，并鲜明地体现在学校的硬件建设、环境设计、文化活动、管理和组织中。

在我们参观的台北中仑高中，校长谢念慈先生在讲到教育的价值取向时说："学校教师到底该做什么？老师不能只教考试，教授知识不是现代教师的主要责任。学校的发展愿景是'让顾客感动的未来学校'，我们以资讯科技未来，人文艺术未来，创新永续未来为学校三大发展主轴。学校对学生的教育秉持心中的那把量尺：生活应当有适度规范，学习应该是穷尽无限宽度，物欲享受应当有所节制。"这是学生品德、知识、课业的三大要件。

台北铭传大学的"人之儿女,己之儿女"的教育理念,把一切教育最终源于视学生为自己的儿女去用心教育,学校不能成为只传授知识的学店,而应教育学生怎样去做人,应以学生就学、就业、立业为本。学生要带着微笑读书、做事,才对得起自己和父母。把学校办成专业化、卓越化、国际化是这所大学的目标,实施高科技、高感悟、高品质理念,在这样的目标理念下这所私立大学成为台湾排名第八的学校,亚洲第一所美国认证的大学。台北清水园国民小学的教育目标是:"推动公民教育,形塑有品校园……"他们的目标和理念我们在学校的学生图书馆、阅览室、由家长资助的鱼类馆、家长资源建立的模拟法庭、学校家长义工组织中得以亲身感受和体验。

豫章工商职业学校的"多元适性,快乐学习"在他们的专业多样化,学校丰富多彩的校内社团活动中体现得淋漓尽致。这些既植根于人类普遍和永恒价值观念,又根据特定社区、特定文化、特定人群对学校教育教学的需要而形成的办学理念和追求,赋予了台湾学校异彩纷呈、理念各殊的特点。不同的理念、不同的愿景、不同的追求,把国际性与本土性、普适性与个性完美地结合、统一在一起。

二、富有特色,呈现台湾学校之个性与风采

台北的中仑高中是一所十分有特色的学校,学校自 2002 年以来以资讯科技教育为学校发展特色,一批年轻教师勇于接受现代教育资讯手段进行教学并自主开发教育课程。我们参观了他们的电化教育室,在 ipad 设备的系统里我们可以看到教师们在天文教学、美术教学、历史教学等课程中自主开发的内容。

正是基于此种自主开发和创新，2007年学校成为微软公司、著名企业家比尔·盖茨资助的几十所学校之一，成为"未来学校之标杆学校"。而豫章工商职业学校，更是坚持优质社区高职的定位，始终坚持让学生有一技之长，保证就业率，力争在各种职业技能竞赛中体现本校学生的自信与自强。清水国民小学则呈现出全校阅读的鲜明个性与风格，学生在校要读完200本书，阅读为孩子们奠定了终身学习的习惯与基础。特色办学使台湾学校的发展风格鲜明而极具个性。

三、文明礼仪和道德品质印证台湾传统文化教育之成果

台湾的教育始终保持着中国传统文化的根脉，这不仅体现在繁体字的书写上，也不仅存在于语言遣词的使用上，更多的是体现在他们的举止上。这一点，从台湾学生的行为习惯中得到了验证。

在铭传大学校园参观那天，正值下雨，我们将雨伞置于楼门口的雨伞桶中，随后便去听介绍和参观学校。学校很大，从另一个口走出的时候，才想起雨伞在楼门口的另一端，刚要去拿，便见雨伞在学校工作人员的手中，他们早已等候多时；参观过程中看到一个教学楼的直梯口处排着一队学生，走近一看原来是在排队等候电梯，我不禁感慨于良好的文明习惯已植入台湾教育和台湾人的骨髓中。在清水园国民小学的附属幼儿园，我们看到活动室的孩子们都带着口罩在做美术活动，不觉十分诧异。询问后才得知原来班级中有个孩子感冒，孩子们怕传染给别人，也怕被传染所以全体戴着口罩，"心中有他人"的教育体现在学生日常的学习生活中，体现在行为举止中。还是在清水园小学上午的课间，看到一名小学生手提着一只小桶和一

个长夹在捡拾树叶。我问她:"你为什么在这个时间捡树叶呢?"小女孩说:"因为下午没有课,所以这个时间要做完值日,平日是在中午。"我接着问:"今天你是值日生吗?你要当多少天的值日生?为什么只有你在做,这是你的责任区吗?"小女孩回答说是一个学期都要做,她的卫生责任区是外楼区,有的同学责任区在内楼区。后来向教师了解才得知,原来学校的所有卫生全部由学生负责,学校是没有保洁员的,并不是没有这笔资金或者为了节约人工,学校的目的是为了培养孩子们洒扫庭院、保护环境卫生、亲自劳动的习惯和品德。

在台湾学校,你所见到的每一个地方和角落都给人整洁、秩序、文明、美丽的感受,你能感觉到学校师生做事的用心与精致,处处体现着他们的修养、文化和品位。我保存着一张铭传大学为我制作的桌签,打印的桌签精美大气而色泽协调。记得当时的桌签都以45度的倾角整齐地摆放在会议桌上,每一个参会的人都可以清晰、方便地看到自己的名字。而考察过程中,所到之处,每一所学校的校长和工作人员都会亲自在学校的大门口迎接,离开的时候会一直挥手、目送着车子直至离开。我想,这大概就是《弟子规》中所教导的"近必趋,退必迟。过犹待,百步余"的传统延续吧。近年来,中国大陆中小学校也兴起了对传统文化的学习和传承,但在台湾,这应该已经是存在于血脉和骨髓中的灵魂了。

四、"学校乃学生之天地,学生乃学校之主人",焕发生命与活力的台湾学校

台湾对中小学生的素质教育非常重视,也极为关注学生个性的发展与培养,台湾称之为全人教育,主要内容为提倡"五育"

均衡，即德、智、体、群、美。彰显个性教育的中小学社团活动在学校的特色教育中如火如荼，为学生提供了自主发展、自由展现的平台。在中仑高中听校长介绍，学校的校徽、校训是学生、教师们共同参与形成的，每月校长要召开全校54个班级的班长会，倾听他们的需要和对学校的建议。全校共31个社团，所有学生都会参与到社团的各项活动中。

在豫章工商学校，我们观看了学生社团排练的仪仗表演、花式调酒表演，一些学生正利用午休时间在自主筹备面向家长的毕业汇报表演。校长介绍说，校内的各种社团都是由学生自发形成，社团的规模大小不一，有小至数人的微型社团，也有几十人的大社团，诸如街舞社、雷音社舞龙、微型乐团等几十个校内社团吸引着学生们积极参与各种文化和社会实践活动。在铭传大学，我们刚一进入学校大厅，映入我们眼帘的便是三个不同的社团在进行活动，一个是自制手工艺物品DIY，一个自制水果饮料，还有一个在排练舞蹈。在校内的参观完全由学生中的志愿者陪同和介绍，在参观电脑科技、电影布景拍摄中我们也了解到，学校的电视新闻竟然也全部是学生在管理。清水园国小的70年校庆，依然是由学生来设计来布置。学生的社团活动使学生更加自主，更加富有创造性，而这种学生参与管理学校的模式也使学校变得更加富有活力。"学校乃学生之天地，学生乃学校之主人"，也许这才是台湾学校生命力焕发、活力精彩之所在。

五、家校社区深层互动，体现台湾教育管理聚社会之合力

台湾行中，印象深刻的一点是台湾学校教育中有关家、校、社区互动及对学校发展实施共同管理的理念和实践。

在清水园国民小学，迎接我们的人员中有一位当地社区的议员，向我们发放名片之后一直陪同我们参访，主动地向我们介绍台湾的教育情况，并请我们随时向他垂询。进入学校大门，看到几位工作人员正在学校的花圃中翻土、整理，校长介绍说这是学校的义工，也有一些是在校学生的家长，还有些是已经毕了业的学生家长，他们会定期到学校来参与工作。

随着参观的进行，校长引领我们来到了一间小型水族鱼类馆，我们被告知这个水族馆是由一名学生家长捐助给学校的。再往前走来到了一所模拟法庭，据说是因为学校离当地法庭很近，几名学生的家长是法官和法庭工作人员，于是就由他们筹建办起了这个模拟法庭。几位家长定期到学校给学生进行普法宣传，指导学生模拟法庭的各种程序，模拟法庭成为这所小学学生社团活动的一个缩影。在学校的会议室，我们看到墙面上悬挂着家长委员会的照片和名单，进一步的了解中我们知道学校的各项设施对社会也是开放的，操场、图书馆、体育馆等。学校晚间还办了家长学校，免费为一些家长进行台湾语言、历史等方面知识的普及和培训。

整个考察过程中，我们强烈感受到台湾教育体系中家长和社会资源的参与度之深、作用之大是大陆教育所无法想象和企及的。家长和社会资源与学校教育的结合与深层互动，促进了学校办学的多元与开放，这应该是我们今后需要认真反思的一个方面。

《支部生活》伴我成长

我的床头有两本杂志,一本是《读者》,一本是《支部生活》。《读者》使我明白很多人生道理,教我智慧、明理;《支部生活》则是我工作、生活中的指明灯、加油站。

第一次接触《支部生活》是 1990 年,我被光荣批准为一名预备党员的那一天。回到家中,我对妈妈说:"我被批准入党了。"妈妈是一名普通的党员,妈妈让我坐下,然后说:"从今天起,你就是一名党员了,不再是一名普通的百姓。党员要有党性,百姓与党性,是有很大区别的,你慢慢体会。我送你一本《支部生活》,希望能陪伴你成长。"从此,我的生活中多了一位诤友和良师。

1992 年 8 月的盛夏,我任三幼园长去筹建三幼。当时的新园一无所有,只是闲置两年的一栋空楼,满是灰尘与蜘蛛,一个 1800 多平方米的院子,长满一人高的荒草,整个操场在雨后顷刻间变成一片泥塘。教委所给的资金仅有 5000 元,仅够报装一部电话,连一张办公桌椅都没有。面对如此的困境,我感到自己柔弱的肩膀无法撑起那片天,眼前是一片迷茫。劳累一天的我回到家,心烦意乱地随手翻了翻杂志,呈现于眼前的便是那本《支部生活》。一篇篇曾经读过的党员事迹,一个个无比鲜明的拼搏形象，让我振奋，也令我汗颜，重温"入党前后""追求之路"让我回想起曾经在党旗下的宣誓。读着、思考着，自己感觉眼前的道路变宽了，困难没有那么大了，信心增强了。在三幼创业的日子里，自己用一名党员的行动誓言，率领三幼人揭开了三幼新篇章。

《支部生活》不仅在困难中给我力量，也教我富有智慧、胆量、雄心和魄力。自己所在的三幼，地处偏僻，如何在逆境中取胜，在夹缝中生存，作为一园之长时刻在思索。又是《支部生活》如一位智者、如一位导师在引导着我，《金牌榜》中刊登的一位位在改革浪潮中的勇士们，如何把握市场？如何改革创新？如何科学管理的做法与经验给我以启迪。我懂得了经营，明白了市场，学习了管理，获得了勇气。我明白了一名党员干部在发展中的作用与责任，仅有为人民服务的思想是不够的，还必须具有为人民服务的本领和能力。于是，我们从服务上创新，从坐等家长上门入园到主动出击市场，从被动服务到主动宣传，我们设立班车方便家长，到周边几个小区进行宣传，从注重幼儿园育人环境到组织教师幼儿到社区公益劳动等，一系列的工作很快使三幼焕发出生机。工作刚有了起色，我就在琢磨"创新"。很快，我们的思想认识从单一的幼儿教育纲要到办出特色、办出品牌转变。我们开设了英语教育，开展幼儿安全教育基地建设，一系列的创新和举措使三幼在幼教的征途上大踏步往前进。

2002年，我调到了二幼。工作调动了，《支部生活》却一直没有离开过左右。做了二幼联合支部的书记，除了要加强自身的学习和提高，还要领导好支部和园所，《支部生活》更成为我的宝典、成为我的教科书。"刘书记、徐书记信箱"教会我如何开导新时期青年的思想疙瘩,《党务问答》《党务工作手册》使我了解、掌握最新、最权威的党务知识;《经验传递》"活动指南"等成为我讲好党课、开展好党日活动的好教材、好经验;"党员与修养""异域点滴"成为园所文化环境教育的一个板块。《支部生活》杂志成为对园所党员、积极分子进行政治思想教育的一块主阵地。

回想自己成为一名光荣的中国共产党党员后的14年,一路走来,人生的每一个足迹、每一步成长都有《支部生活》的陪伴。一期期的杂志如一盏盏明灯,照亮我前进的征程;一个个栏目如一块块基石,垫高、铺厚了我迈向成熟的阶梯;一次次阅读犹如一次次心灵的对话,让我更加丰满与清醒。愿《支部生活》在我今后的生活工作中,继续指引我不断前行。

"万花筒"的原理

读杨绛的《我们仨》一书,让我深深地感动。为那一家人暖暖的、浓浓的亲情,为杨绛对一家人的万里思念,为一家人在顺、逆之境中的淡然。杨先生的书中有很多精彩且令人记忆与品味的话,其中一段话这样写道:"我们的家就像是纸糊出来的一个万花筒,我们3个就像3块玻璃屑,被放在万花筒里,转动一下就换出一个花样,可以转出一万种花样,非常热闹,所以我说不清我们有多少重的关系。"

小时候,我自己也动手制作过万花筒。在那个物质匮乏的时代,为做一个万花筒,我每天低头走路,只为了捡拾地上的彩色玻璃屑,为了那个更加多样的万花筒。万花筒中有一个孩子多彩的梦,一个更加丰富而绚丽的世界,有一个接一个新鲜而不重样的惊奇。万花筒之于我的记忆是如此深刻、如此丰富而美丽,至于万花筒的原理,那倒是长大之后淡如清风一样的事情了。

而今做了多年的园长,进一步体会了万花筒的神妙至极。园所那么多的教师,每个人都是一片小小的彩色玻璃,管理团队便成为了万花筒其中最重要的原理部分——三棱镜。试想,若无三棱镜,每一块彩色的碎片依旧只是碎片而已,而有了三棱镜的折射，这些彩色的碎片在镜面折射的作用下，便幻化成绚烂的花朵。我想，如果三棱镜的作用是让彩色的碎片折射出更美的样子，那么，管理团队就是要让每一个人看到更美的自己，因而绽放，因此变化。管理者要懂得把手中的万花筒不停地转动，让他们构成园所无数的精彩，无尽的璀璨。

第四章 且行且思的教育与人生

大雾中的"大悟"

今天全家要去山西,早晨4点钟铃声响起,先生就起床为全家准备早餐,预定4点45分出发,因为山西各种人文景观和美食的诱惑,想在上午11点前到达。

车子开到京石高速不久,就看到路边的指示牌提示:"琉璃河因大雾高速封闭,请提前分流。"知道前方的路会因为离开高速而变得崎岖、变得缓慢、变得漫长,不由得动念想还是回去吧。但往回返已无可能,已经形成的车流驱使我们还是继续一路前行。

河北的大雾,超出我们的经验与预期,漫天的大雾包围着我们,封锁着前进的道路,能见度仅为5米。我们被困在其中,只能凭感觉、凭胆量慢慢前进,完全不知道百米之外,会是如何的一种情形。这是我生平第一次感受这样的大雾,雾色中,我想起吴祖光的木雕作品"雾锁江上"。那是一条小舟,一位老者安坐于船头,四周弥望的是浓浓的一团迷雾,老人迷茫地望着前方,而前方是永远也看不清的一切。此时此刻,我突然进一步走进了作品的内涵,理解了创作者的感受。当我们想要前行,想要找到方向,却发现心中的大雾,世间的迷雾锁住我们的眼睛,我们想要拨开它,想要挣脱它,但那迷雾团团地包围着你，无处不在。她柔软得几乎没有一丝力量，你用尽全身的力量却驱赶不开，你失去了周围的风景，失去了感知外面世界的能力，你不知自己该往哪去。在浓浓的大雾所给与你的、那逼仄的空间里你活着，但你无助，你无力做任何事情，因为你没有方向，没有道路，你只能等待阳光的照进，等待清风吹散迷雾。

大雾一直在持续，高速一直在封闭，我们三次试图驶进高速，都只能让我们耽误更长的时间。因了高速的封闭，所有的车辆都只能选择与我们同样的国道，本来就不快、不宽、不好的国道压力骤增，到达山西时已经是下午两点半了。300多里路我们行走了近9个小时。这让我不由得想起唐僧的西天取经之路，历尽坎坷，终得功德圆满，我想上天让我们遇到这样的大雾、这样的天气大概是要让我用心去感悟。它用自然的力量让我懂得在人的一生中，也许某个阶段，也许某件事情就如同遇到一场浓雾，人必须拨开心中的迷雾，才能快速前行，即使迷雾在心，迷雾不散，也要砥砺前行，走出迷雾。

迷雾也许让你胆怯、迷惑、烦躁，但无论如何都会过去。试想我们在这样一团迷雾之下，怀有一颗淡定、淡然的心，在恐惧中的胆怯就会少一分，在迷惑中的清醒就会多一分，在烦躁中的理智就会跳出来让我们冷静、再冷静一些。我们将这样的遭遇看作是人生的风景，是必经的道路，是对我们的一种历练。

关于"框外"的思考

——由一则微信引发的思考

"创造力是指一种突破或是在盒子外面的思考",这是哈佛大学的解释。我觉得解释得简明而直接。我原来对创造力的认识就是做出一件与别人不一样的事情,想出一个与别人不一样的想法,但显然阈值不够宽,而框外的思考,让我好像明白了要跳出一种模式,要跳出一个常规的思考范围。正好恰逢此时,一则短信"危机来了,你在干什么?"这则短信予我的是醍醐灌顶,如一道强光让我瞬间明白了创造的力量与创新的必要。以往,我只是觉得不创新只是慢一点,但现在知道了,在当今时代不创新就是死。

我原原本本地记录下这则短信:

"危机来了,你在干什么?"

跨业洗牌,未来的行业竞争,一场跨界分金的盛宴正在开始!你呢?准备好了没?请跟我来。眼界决定宽度,观念决定高度,脚步决定速度,思想决定未来!

1.中国最近的两部影片《泰囧》《致我们终将逝去的青春》搅扰了当今中国的电影界,是演而优则导的明星。先不说影片内容的见仁见智,但从票房上是能看出端倪的。这就是跨界的优势。（《泰囧》最后累计票房 12.1 亿元；《致我们终将逝去的青春》票房 5.7 亿元。）

2. 最近大家还听到最震撼的一句话是，移动说，搞了这么多年，今年才发现，原来腾讯才是我们的竞争对手。

3. 最彻底的竞争是跨界竞争。你认为收费的主营业务，一个跨界的进来，免费，因为人家根本不靠这个赚钱。你美滋滋地活了好多年，结果到最后不知道怎么死的。

4. 典型的案例如瑞星杀毒收费，360 杀毒进来全部免费，让整个杀毒市场翻天覆地。微信免费，让舒舒服服地收了十几年的通信和短信费的几大垄断运营商们大惊失色。马云今天正式宣布启动菜鸟计划，不知道行业大佬邮政快递会做何感想？

5. 和君商学院。中国大部分商学院、培训机构都收费，和君免费，用最认真、最实战的教学吸纳各大高校才子来培育。最好的投资是投资一个人的思想，思想都高度一致了，还有什么不好办的呢。所以和君通过免费的商学院，为公司招募了多少的人才，都不用培训，直接上岗。

6. 还有阿里的支付宝对银行的冲击。这种跨界的竞争，你感受到了吗？柯达的葬礼已经被人快要遗忘，摩托罗拉、诺基亚、东芝、索尼、爱国者都在排队等候档期。国美醒来的速度太慢、太慢，等它睁开眼睛，仓库里，剩下一地的悲伤，京东早已实现明目张胆地打劫。苏宁总算懂得翻个身子，好歹知道有人正在打劫！而中国联通和中国移动，就实在是沉睡难醒，毕竟牛了这么多年，加上是政府的支持后盾，怎么都不相信，一个马化腾，就可以在短短几个月内，直接开仓取钱！一个微信软件的运用，在功能上足以把这两个巨头在电话和短信的收费利用方面赶尽杀绝！难怪现在急得跳脚，做出很没有水平的举动，让"江湖大盗"马化腾，狠狠地嘲笑了一番！醒来的速度不够快，就不用醒了，免得伤心，直接送火葬场罢了！

7. 未来十年，是中国商业领域大规模打劫的时代，所有大企业的粮仓都可能遭遇打劫！一旦人民的生活方式发生根本性的变化，来不及变革的企业，必定遭遇前所未有的劫数！沃尔玛正在关闭它的多家超市，这个曾经的世界第一富豪，正在面临醒过来之后如何转身。至于其他各类恐龙级的商业巨头，说真的，活下去都是一种耻辱！可惜，大多数人到现在还在把那些所谓亿万富翁当回事，在那里膜拜，却不知道，他们已经身心疲惫、头昏脑涨，看不清前途，找不到归路！更有甚者，居然还在扩张，还不知道进退！越来越快，一切都在一个大规模变革之中，无论是哪一家公司，如果不能够深刻地意识到金钱正随着消费体验的改变而改变流向，那么，无论过去他们有多成功，未来，都只能够苟延残喘，直到被尘土掩埋。

8. 跨界的，从来不是专业的，创新者以前所未有的迅猛，从一个领域进入另一个领域。门缝正在裂开，边界正在打开，传统的广告业、运输业、零售业、酒店业、服务业、医疗卫生等等，都可能被逐一击破。更便利、更关联、更全面的商业系统，正在逐一形成。世界开始先分后合，分的，是那些大佬的家业；合的，是新的商业模式。

9. 机场，不能够是一个娱乐场吗？不可以成为最重要的社交中心吗？微信只是一个萌芽,摇一摇的背后，真正的契机在于，人们正在从家庭、办公室走出来，进入一个极大的、广阔的社交需求时代。还在留恋你的路边广告牌？还在把大把的钱投向电视广告?还在以为分众的电梯广告占据了终端?过时啦!

10. 要知道,未来谁的 WIFI 覆盖率越高,谁就越可以占据终端用户的心。租个足够的数据流量,使人们习惯从你这里进入免费的 WIFI,你的广告价值都将无可限量。

11. 未来,酒吧还是酒吧吗?咖啡厅还喝咖啡吗?酒店就是用来睡觉的吗?餐厅就是用来吃饭的吗?美容业就靠折腾那张脸吗?肯德基可不可以变成青少年学习交流中心?银行等待的区域可以不可以变成新华书店?飞机机舱可不可能变成国际化的社交平台?

12. 你不敢跨界,就有人跨过来打劫。未来十年,是一个海盗嘉年华,各种横空而出的马云、马化腾会遍布各个领域,他们两个是开了个头而已,接下来的故事是数据重构商业,流量改写未来,旧思想渐渐消失,逐渐变成数据代码。大数据时代,云计算的发展,一切都在经历一个推倒重来的过程。

13. 你瞧不起,看不见,不以为然的直销,现在正在以突飞猛进的形式取代传统的营销模式。未来几十年将是直销业市场的天地,不看学历、背景、能力的低门槛的创业方式受到青睐,冲击着各大企业的就业难问题,也引来商界、演艺界的名媛富豪纷纷为自己准备人生备胎。

中国将面临着大洗牌,你准备好了吗!

13个事实,13颗重磅炸弹,把我们从睡眼惺忪的状态震醒。记得十年前流行的一则小故事上说:"两个人在路上走,碰到一只老虎,一个人扭头使劲跑,另一个人说'你怎么跑也跑不过那只老虎'。这个人说'我是跑不过老虎,但我只要比你跑得快就行!'"那一刻,我们知道必须奔跑,知道我们的对手是谁，在哪儿，知道如何躲避，如何跑，跑多快。而今天令我们感到震惊、可怕的是：我们根本没意识到谁是我们的对手。这就是创新的力量，创造力的价值。

创造力培养与儿童教育早已不是一个新话题，但问题在于作为教育者的我们，创造思维与创造能力又有多少呢？我们是否真正清楚该用什么样的教育方式、教育策略去启发引导儿童的创造力？我们一直高喊着要培养孩子们的创造力，但却在教育的过程中总是不自觉地要将儿童塑造成自己想要的样子。

美国的一位儿童教育者曾经谈到抑制儿童创造力的几种做法，我深以为是：第一，没有让孩子经历风险，总讲安全第一。这是一个平衡的问题，风险是值得的，智力风险也很重要，但要尝试，科学的发明都要经历不断的失败，孩子亦然，而我们目前的教育总是在做安全的事情。第二，我们营救得太快。当我们过快地伸出援手，用"援助"惯坏了孩子，我们就剥夺了他们自主学习所经历的苦难，解决问题的需要，而成功——失败，失败——成功是规律。其实，我们要乐于见到孩子们的失败，在失败中孩子们获得了失败的代价与成长，成功、失败都是学习。第三，我们太容易表扬。同样，表扬也会破坏掉有内在动机的孩子。如果你赞美一个孩子做他们喜欢的活动，他或她会停下他们的活动。因为我们引导孩子忽略了最有价值的内在兴趣与热爱，表扬起到一个坏的作用，追求外在的虚荣。第四，建立一个让孩子有耐心的项目，让孩子学会延迟满足。越容易、越简单的成功，带来的喜悦越短暂，体会感悟越肤浅、越表面，而经历磨难与痛苦的成功，才会给人以深刻而持久的喜悦与收获，要让儿童懂得你能得到与你所得到的，多与少、快与慢都无须生气，去欣赏孩子们走向自主和责任所取得的点滴进步。

以上四点，都不是在讲创造力的具体方法，但都是培养创造力之源。

第四章 且行且思的教育与人生

谁该为孩子的人生思考

——能走多远

园长的札记

"我应该为你思考，你能走多远？"这是中国式父母经常做的事情，我们从孩子很小的时候就开始为孩子思考，"他上什么补习班，学什么乐器，他上那所大学，学什么专业，他出不出国，找什么样的对象"。即便儿女长大成人，我们的父母依然在为孩子思考。

我一位朋友的女儿极其优秀，北大生物系毕业后留学美国芝加哥大学，拿全额奖学金的一名生物学博士。就是这样一个优秀的人才，当她回国的时候，妈妈也一样四处奔走促成她进了"国家药监局"，因为妈妈觉得那是一个等级最高、最为理想的工作。但女儿工作了不到半年，便毅然决然地辞去工作到一家医药外企公司。她非常开心，工作也受到同事、上级的高度认可，参与了一项用于降胆固醇药品的研究并获得极大成功。这个女儿在微信中这样写道："我离开实验室来到产业界就是为了能够看到自己所做的事情能够对世界产生影响，所以我非常振奋。"为此纠结了很久的母亲这才放下心来，感受着女儿的骄傲。

女儿从英国留学回来，即将找工作。做父母的在调动着一切的资源为她而忙碌着，女儿自己在网上申请到搜房网，而我也托朋友找到了京东。面临着两个选择，女儿最后去了自己申请的搜房网工作。在那里，女儿干得很开心，领导和同事都非常肯定她的工作。

冬季的北京，甚是寒冷，女儿穿得很少，我多次提示她多穿点。女儿有一天回来对我说："妈妈，我今天听到一句话，我觉得说得特别对，'有一种冷，叫你妈妈觉得你冷'。"无疑，这里面渗透着妈妈暖暖的爱与关心。但我忽然想到，我是不是应该反思：谁该决定孩子能走多远？是父母？还是孩子自己？

我们从小替孩子背书包，替孩子穿衣服，替孩子叠被子，替孩子挤牙膏，长大后我们替他们报志愿，替他们找工作，替他们装修房子结婚，替他们买家具。我们的孩子在高中毕业报考大学的时候，找不到自己所爱的专业，不知道自己的兴趣在哪儿。这里固然有中国应试教育的问题，但相当一部分责任是因为我们不相信自己的孩子，不相信孩子自己可以做得更出色，不相信孩子自己是有能力的，我们的孩子从没有被真正地信任、尊重过。而我们的孩子们呢？他们不知道自己的兴趣，不知道自己有着怎样的能力。很多孩子经常说，"妈妈希望我成为一名医生"，"妈妈想让我学金融"，"妈妈不同意我去外地"，等等。在父母近乎无微不至地照顾下，孩子们失去了多少自我决定的机会，失去了多少冒险的机会，失去了多少失败的机会，失去了多少自我独立思想与深刻反思的机会？这让我们的孩子慢慢丧失了责任，慢慢丧失了创造，丧失了勇气，也丧失了自我。

因此，今天当我们希望孩子能有所创造，希望孩子未来成为独立的人的时候，我们作为教师和妈妈要认真地问问自己："谁该为孩子思考——能走多远？"是你，还是孩子自己？

给女儿的信

——写在中考之前

我亲爱的女儿：

老师的信你看过了，想必有心理准备会接到妈妈写的这封信，我觉得我该说的希望，我该叮嘱的话语你都听腻了。今天妈妈说点从未给你说过的话。

女儿，你知道吗？看着你一天天长成今天这样子，我和你爸爸感到挺欣慰，挺满意，挺知足。原因是：

你很健康——个子不高也不矮，身体不胖也不瘦，长得不好看也不难看，没有疾病，可谓称得上"正品"，但不是"极品"。

你很聪明——从幼儿园到小学，从小学到初中，所有老师都这样夸奖你，我也这么认为，有个聪明的女儿对我是件挺有成就感的事。

你很阳光——快乐时候多，烦恼时候少，满足时候多，计较时候少。这些对我们来说非常重要，如果你有聪明而没有健康的话，我们会很着急；如果你有健康的身体而没有快乐的话，我们也会非常痛苦。今天的你如此健康，如此聪明，如此阳光，我们感谢上天赐予我们这样好的一位女儿。

同时，我们也很感谢你！女儿，是你给我们的生活带来无尽的欢乐与无限的希望。在我的眼里你其实很懂事,在外面,对外人,你遇事懂得进退,把握得住分寸,这是一种智慧,也是一种性格;你也算用功,尽管比不上同班同学,但我们也看到了你的努力与付出。常常,我们看电视而你在伏案苦思;常常,我们进入梦乡,而你的灯光依然明亮,看到这些我们其实也很心疼。但女儿,你是知道的,世界上有两种东西别人无法代替和赠与,那就是健康的身体和自身的学识素养,靠自己吧!能给予的我们尽可能给了,给不了的我们唯有用其他的方式来表达,于是有了你爸爸的唠叨,有了你爸爸目不转睛的凝视,有了你爸爸早起的那顿早餐。女儿,不管你领不领情,但那是我们的真情与关怀。

女儿,再有5个月就要中考了。这是你人生中一次重要的转折点,是人生中的一次搏击,也是一次重要的人生经历。妈妈知道,这5个月对你来说会很艰难,很痛苦,很漫长,因为这是你在攀登人一生高峰中的第一座峰顶,但女儿,请记住这句话:"无限风光在险峰。"

女儿,请让自己在人生的每一步都尽量精彩,请让自己人生的每一次历练都不留后悔;给自己一分满意与自信,回馈老师一分感恩与报答,送爸爸妈妈一分微笑与欣慰。

女儿,在今后泥泞的黑夜中,爸爸妈妈会和你一起咬紧牙关,会和你一起携手坚持下来,让我们一起迎接灿烂的曙光,让我们一起在曙光中打开那神奇的口袋。

爸爸、妈妈会永远与你站在一起!请相信爸爸、妈妈永远爱你!

永远爱你的妈妈　游向红

当好一只垃圾桶,并修炼自己把垃圾转化为能量的智慧

园长的札记

与朋友闲聊的过程中,提到了现在一些孩子的情况。"也许是因为工作和生活的压力,也许是独生子女的性格使然,甚至也许是我们家长素日的行为影响,他们习惯了把不良的情绪倾倒给家长。"一个朋友如是说。"无论怎样你都要接受,"我说,"应该像一只大大的垃圾桶,不断地接受、承载别人扔出的垃圾,我要有这样的一种胸怀与修养。"就在我为自己的这番谈吐自以为得意的时候,另一个朋友说:"你不仅要收纳,还要有能力把垃圾焚烧,转化为一种能量。"听到这里,我突然开悟,多么有智慧的人呀!不过,把垃圾转化为能量,这需要我们该有怎样的一种修养与智慧呀!

其实我们的生活就是在迎接一个又一个的挑战,每个人也在不断地去承受一个又一个生命中不可承受之重。轻松、快乐、喜悦,总是那么短暂而易于逝去。大多情况下,我们自己也时刻被消极、灰色、悲观的情绪所左右。因此,我们会经常遇到别人丢过来的垃圾,但其实,我们自己也一样在不断地向外丢出垃圾。

作为妈妈、作为园长,我希望自己是一个阳光、积极、向

上的人，是一个极少产生垃圾情绪的人。每个人都希望拥有阳光、蓝天、花香……拥有那些美好的事物，谁会愿意亲近一个浑身散发着颓废和消极、不断向四周散发垃圾情绪的人呢？古人说"海纳百川、有容乃大"，这个容，我想大概也包括容忍别人的错误，容忍别人的缺陷与不足，或者用今天的话来形容，也要容得下别人丢弃的垃圾。但即便如此依然不是我心目中的"能容"。能容之人应当是人生岁月中的智者，应该是具有把垃圾转化为能量的人，一个点石成金、化腐朽为神奇的人。这样一个有修养、有道德的人，会让你的人生充满温暖与阳光，而这需要人生的大智慧，需要一眼看穿世情的慧眼与无比的旷达和通透。

2013 年，一个真实的游向红

2013 年，教委对园所书记、校长进行了系列培训，其中的一项课程内容是"心理健康"。两天的培训让我们通过一系列活动去重新认识自己，认识身边的人，认识世界。这是最后结业时我上交的一份作业，记录着 2013 年一个真实的我，一个真实的认识。

最喜欢的一句话

"人法地，地法天，天法道，道法自然。"也许这是老子《道德经》中最广为人知的一句话，它告诉我们要尊重天地万物，尊重自然的法则，遵循事物本身的规律。因此，在我的管理中，在对孩子成长的教育里，我选择了因时而为、顺势而动。很多事情在条件、时机、人员都不成熟的时候你一定要去做，逆势而为的后果常常是事倍功半，常常是出力不讨好、枉费心力。因为你违背了事物的基本规律，违逆了自然之道，明知其不可而为之，自然难以达成目的。而当时机成熟，我们只要顺势一推，很多事情就可以自然而然地达成。我喜欢没有陡坡的高度。

最欣赏自己的个性

坚持做自己满意的自己。人的气质类型不同，血型不同，性格不同，遗传不同，成长经历不同，所以上天造就了每个独特的自己。从不邯郸学步，从不东施效颦，我有自己的工作标准，有自己对待事物的态度与方式，有自己的兴趣爱好。我，从心所欲，但不逾矩；我，率性纯真，但不天真幼稚。

最值得分享的一个学习经验

读自己喜欢的书是一种享受。我们随着自己年龄，自己经历，自己爱好的变化，喜欢读的书在题材和内容的选择上可能会有所变化，但长伴书香，永远是我心中的追求。不必再苛求自己、强求自己，为了学历、为了职称而勉强去阅读。只为快乐与享受，能够在没有任何功利性的动机下读自己喜欢的书，真好！

最值得分享的一个工作经验

说理不说事，对事不对人。在园长的管理工作中，在遇到教职员工出现问题时，从来只对教师讲理，讲述事件的起因缘由，而不会评说事情本身的是非对错，让他们自己用理智去判断；而在事情的处理上，则一视同仁，毫无亲疏远近厚薄之分。"事如春梦了无痕"，已经发生的、过去的就不会再提及，不会让当事人留下任何尾巴和辫子抓在手中，君子之心胸，如光风霁月，磊落光明，如此为人处世、待人接物才能赢得人心、赢得朋友。

最想分享的一件成功的事

2004年，按照自己喜欢的风格，喜欢的艺术，喜欢的状态，把园所装饰得处处精致，处处艺术。每一位到过丰台二幼的人都喜欢这里的每一处设计，因为大家都喜欢美，欣赏美。后来，这样的风格随之流行起来。

十年后的我

偶然的机会，我结识了一群画家，于是喜欢上了这个群体，也喜欢上了艺术，喜欢画廊那样的环境，喜欢在艺术的画廊中徜徉，呼吸，感受，欣赏。如果可能的话，十年后我想拥有一个属于自己的私人画廊，不为挣钱，只为喜欢。

2014年,亚洲足球中国小组第一

两日来,中国足球赢了沙特、赢了乌兹别克斯坦,今天又以2:1赢了朝鲜,踢三场赢三场,这是中国期盼了20年的一个梦,终于实现了。它实现在这样一个历史时期,在整顿了黑哨之后、在整顿了假球之后,中国足球终于让国人看到了希望。

曾经有人这样说:"中国教育和中国足球都没有希望,但如果硬要选择一个的话,那还是选择中国教育吧,至少我们希望中国教育有希望,中国的未来有希望。"

今天看了中国和朝鲜这场球赛后,我对朱先生说:"32年间,朝鲜从来没有赢过中国足球队,是因为中国队有这样的一份自信。"朱先生的另一番话却让我陷入沉思。他说:"当今中国足球,除了让足球清明而干净地回归到足球本身这一原因,另外一个不可不注意的因素是:各俱乐部花大价钱对国际优秀球员的引进。"

世界顶级球员的加入,世界级教练的加入,给中国带来了一股强劲的改变的力量,中国足球队员在与这些优秀外援的每日训练中、配合中、过招中有了向世界足球学习和理解世界足球的机会。这样的学习不同于看国外比赛录像,不同于理论层面的讲述,不同于简单地技战术分析,不同于我们自己团队艰苦地训练。一起地厮杀，一起地摸爬滚打，在相互地切磋、每一个球的一来一往中我们学习着足球的技术，感悟着团队配合的默契，体会着足球的精要。这些在我们自己是解决不了的，尽管你知道、你懂得，但你无法打破。因为一种习惯、一个集体意识有着可怕而巨大的力量。

  这让我想到幼儿园教育改革中对于国外先进理念与方法的学习。我们曾经引入意大利的瑞吉欧、"做中学"，美国高宽的"主动学习"，新西兰"学习的故事"。这些理念与方法，我们认同，我们写入了《规程》和《指南》，各园都想要实践与改变，但我们知道："我们依然还在大门外徘徊，没有走到真正的教育的核心价值中去。"我们口号上知道，我们理论上知道，我们形式上也知道，但一旦进入实践，习惯的力量、观念的力量会一次次把我们往原来的方向拉扯。我们在改革的道路上行进了20多年，却至今没有走出多远。在参观学习了英国、加拿大、美国在中国的幼儿园后，我已经感到他们的教育虽然开办在中国，但根却深深植入于他们自身的文化与观念。

  我想，也许，我们的幼儿教育中也需要如中国足球那样，以队员融合的方式，引进几个好的外援教师，让东西方文化中最优秀的东西在幼教的土地上成长。

第五章
在回顾与展望中超越梦想

34年前,我与学前教育事业结下了不解之缘,从一名青涩懵懂的教师逐渐成长为一位有独到见解的园长。回望来时路,一串串的足迹记录着园所的教师与家长的相互扶持与勉励;承载着园所与祖国发展的同呼吸、共命运;更镌刻着园所一个个里程碑式的发展;展望未来,让我们共同铸就并不断超越新的梦想!

2007，园长说给家长的话

园长的札记

9月10日是一个鲜花芬芳的节日，9月10日是一个贺卡飞扬的节日，9月10日是一个到处闻听"老师您好"的节日，9月10日是光荣的人民教师的节日。

这一天，作为幼儿教师，我们自豪，我们骄傲。鲜花绽放出孩子们的爱心，贺卡表露着家长们的情意，而"老师您好"是无限的尊重与感激。

这里我们捧着孩子们的爱，这里我们接下家长们的信任。而此时此刻，作为幼儿园园长的我，也想对家长们吐一吐我们幼儿教师的心声与真情。

尊敬的家长们，我想说，教师的职业是崇高的，教师的职业是神圣的，教师是那点火的人，教师是那燃烧自己照亮别人的人，但同时，教师亦如您各位家长一样是一个平凡的人。她们同您一样有着丰富的情感，同您一样有着母亲般的情怀，同您一样的善良可亲，同您一样的有自己的喜怒哀乐。

尊敬的家长：

当您把您的孩子交到我们手中的时候，同时，交出了信任与尊重；我们心存感激，我们不敢轻心，因为我们知道您交给我们的是您的希望，您的生命的一部分。我们明白自己肩上的担子，我们清楚自己的责任。我们想给予孩子最体贴的关心，想给予孩子最细致地照顾，想给予孩子最完整的慈母般的爱，严父般的教育。因为我们是教师，我们也是母亲。

当您看到自己孩子的点滴成长，为孩子的一句"妈妈累了，您坐，妈妈请喝茶"激动不已，而忍不住掉下眼泪，忍不住见人就夸的时候，我们理解您心中的满足，我们知道您心中的喜悦。因为我们的老师也同您一样，当看到孩子那稚趣的绘画，看到灯泡在孩子手中发亮，看到小伙伴摔倒立刻扶起来的时候，我们的老师心中同样荡漾着幸福，同样兴奋无比。因为，老师得到了她最高的奖赏，孩子的成长比她自己的成功更加令她快乐。

当您的孩子在家淘气，不听话的时候，您大概会严肃地说上几句，甚至会打两下，会生气。因为您爱他，您有着很大的期望。而您能否体会我们的老师，她们也同您一样，当您的孩子又把别的小朋友打了，当他把大家刚刚搭建好的建筑一下子推倒成为一堆废墟的时候，老师忍不住会批评他，会指出他的错误。而这时，您可知道，我们的老师却没有半点的不喜欢，没有丝毫的嫌弃和讨厌。她们只是在为孩子能成长为懂事而乐于助人的人而着急。

尊敬的家长您可知道当您的孩子清晨来园时哼唱着欢歌，洋溢着笑脸，响着清脆的那声"老师早"的时候，我们的老师心中一片春天，一片阳光。而当您的孩子带着哭泣，有着不情愿的时候，老师的心中是如此的自责，一种如同自己做错事一样的内疚与不安。因为您的孩子也是老师的孩子，是农夫辛勤耕耘田中的青禾，她期待着收获，期待着硕果。

　　这就是我们的老师，平凡岗位上的平凡的人，她们肯定会犯错，肯定有不尽如人意的缺点，但那绝不是她们的本意。

　　当您有不满意的时候，请您坦诚告诉我们，不必担心老师会报复，不必有过多顾虑。因为孩子们的天真与无邪，把她们的心感化得同样率真与善良；知识的学习与积累，把她教育得明白事理与通晓人情。而家长的信任，是对老师人格最大的肯定与鼓励。

　　请给她们以理解，以宽容，请允许她们有错就改，请承认她们是人，而非神。

　　让我们携手并肩，让孩子们健康成长。

2008,教师节上的讲话

非常感谢老师们给我和我们大家提供这样好的一次学习和受教育的机会。今天和几天前,各位老师的演讲非常感人,令我们鼓舞,令我们感动,使我们看到在二幼这片青青沃土上,生长着爱,充满着真,洋溢着美,流淌着善。

请让我在这第 24 个教师节,我们自己的节日里,把鲜花与掌声献给你们,赞美与敬意献给你们,喜悦与欢乐献给你们,祝福与吉祥献给你们。

我曾讴歌幼教人,讴歌二幼人,今天我依然把赞美与讴歌献给你们。多少回的讴歌都不能道尽我对你们的崇敬,多少次的赞美也表达不完我对幼教人的尊重;只缘,我也是一名幼教人;只缘,我在幼教田园耕耘了 9000 多个日日夜夜,播种了 26 个从春到夏,从秋到冬的岁月光阴。

我刻骨铭心地懂得幼教人的崇高与平凡,我切肤痛首地明白幼教人的伟大与渺小;是我们年轻的老师,心中装满炽热的、沉甸甸的爱,所以,我们成为孩子心中最高的老师。是我们年轻的老师,脸上荡漾着热情的、真切的爱,所以,我们成为孩子眼中最美的老师。

当我们面对那苹果一样红红的脸,蒜头一样的小圆鼻子,我们知道我们每天都在续写着"春天的童话"。

当我们注视那稚嫩的清澈无邪，充满好奇与渴望的目光，我们知道我们每天都在拨动"童心的翅膀"。用爱载着孩子们飞翔；把爱化作春风细雨；我们是春天的使者，我们是阳光下的女神。

捧着一颗心来，不带半根草去是我们无私的追求；甘为春蚕吐丝尽，愿化红烛照人寰是我们奉献的写照。

二幼人记得，多少个夜晚，我们挑灯夜战，把活动室装扮得如诗、如画、如梦；当拂晓的微光揭开我们的面纱，我们看到的是天使的笑脸。

二幼人记得，多少个周六、周日，我们抛舍开亲人，在新的目标、征程上，攀登挥洒，汗水和着泪水为我们绽放出朵朵胜利之花。

二幼人记得，多少次，父母、儿女、丈夫生病的床前，没有我们的陪伴，那份牵挂、那缕缕情思，化作春风细雨滋润在二幼孩子的心田。

二幼是我们的爱，二幼是我们的梦，二幼是我们祈盼长大的儿女，二幼是我们生命的血与脉。是我们用柔弱的臂膀，擎起二幼的天空，所以，我们伟大；是我们用纤纤细手，描绘着二幼的锦绣画卷，所以，我们美丽；是我们用炽热而温暖的爱，滋润了那棵棵幼苗，所以，我们高尚；是我们用自己的奋斗把一个零的记录，改写成今天的这份成绩与骄傲，所以，我们崇高。二幼在一天天变化，二幼在一天天发展，二幼在一步步走向灿烂。

这里凝结着我们多少心血，这里饱含着我们多少汗水，这里记录着我们多少的付出与拼搏，这里印刻着我们怎样的追求与梦想。今天讲述的二幼,是我们不断努力和坚持打出来的成绩与骄傲,这里面,没有侥幸。

二幼的老师们:

我们是伟大的母亲,我们亦是丰厚的土地。在我们的沃土上,生长着甜润的歌,生长着轻盈的舞,生长着动人的故事,也生长着辉煌的历史。

我们知道,我们要的不是掌声,不是夸赞,我们要的是孩子那一串串甜甜的笑声;我们期望的是孩子那脸上浮出的笑魇;我们渴望的是繁花落尽后内心的喜悦、踏实与平安。幼教有了我们,孩子得以发展;二幼有了我们,园所得以辉煌;教育有了我们,国家得以腾飞。愿我们每一位老师都傲然站立在二幼希望的田野上,站成一片无边无涯的青青芳草,站出未来的一个又一个春天。

借此之际,向所有在座的,为二幼作出贡献的老师们道一声"致敬",说一声"感谢"!谢谢你们!

最后献给大家节日的祝贺:"祝大家教师节快乐!"

2009,与祖国同行

——庆二幼建园 20 周年庆典讲话

金秋 10 月,花海烂漫、雨润万物、丹桂飘香,我们迎来了伟大祖国 60 年华诞,也迎来了我们丰台二幼建园 20 周年的好日子。60 年一甲子,在中国的传统文化上她是一个轮回,她是一个圆满,她是一个新的起点与开始。

从 1949 年到 2009 年,60 年的祖国经历了风风雨雨,经历了挫折与坎坷,经历了波澜壮阔。而祖国母亲用她的坚韧、用她的胸怀、用她的气概、用她的温暖,带领我们 13 亿儿女不断地前进与发展,让我们的祖国不断从贫穷走向繁荣、从弱小走向强大,傲然屹立在世界之林。

值此祖国 60 华诞之际,在举国欢庆祖国生日之时,丰台二幼建园 20 年的日子也欢呼着、跳跃着、奔腾着向我们走来。20 年的丰台二幼与祖国的发展同步伐,20 年的丰台二幼与祖国的画卷共抒写,20 年的丰台二幼与祖国的凯歌同唱响。

20 年来,二幼人秉承"团结、奉献、求实、创新"的优良传统,用智慧、真诚与爱心谱写着一曲曲动人的创业之歌。20 年来,二幼人把"让幼儿快乐、健康、智慧发展"作为自己的使命,在教育改革的浪潮中,把握时代的脉搏,不断探索创新,向社会展示着二幼特有的品质与无穷魅力；20 年来，丰台二幼走过了艰难创业、奋马扬蹄和快速发展的历程，从 1989 年建园到今天的一园两址，从最初的 2 个班到今天的 15 个班、400 多名幼儿、70 多名教职工，从建园时的简陋校舍到今天具有中国风和现代风格的校园环境，从默默无闻的普通园所到温总理的到来，到形成我们自己独特的教育文化和课程的示范园，到二幼今天傲然响亮的名字，二幼实现了超常规、跨越式地发展。20 载风风雨雨，20 年春华秋实，20 年硕果累累。

回顾二幼 20 年的历程，是创新的历史、是拼搏的历史、是成绩卓越的历史。这成绩、这硕果让二幼人自豪与骄傲，光荣与欣慰；这成绩、这硕果的取得要感谢在座的所有老师们。是你们，与二幼甘苦与共，休戚相关，为园所的建设添砖加瓦；是你们，和二幼同舟共济，无私奉献，为园所的发展奉献了青春年华和毕生精力；是你们，在教育课程改革中大胆创新，形成我园鲜明的教育特色。你们是二幼 20 年建设与发展的积极参与者、支持者，是二幼 20 年辉煌历史的创造者和见证人。今天，二幼把你我的命运联结在一起，历史使命把我们与园所的命运联结在一起，二幼 20 年建设发展的辉煌成就有我们大家的辛劳和汗水。

让我们感恩祖国，是祖国母亲给了我们美丽家园，给了我们尊严，给了我们幸福生活与平安；让我们感恩二幼，是二幼给了我们生活的支点，给了我们梦飞翔的天空，给了我们平淡人生中的快乐与饱满。老师们，二幼的画卷上有我们汗的滴洒、泪的痕迹、笑的爽朗；祖国的画卷上同样铭记着我们豪迈的誓言、青春的步伐、炙热的胸膛。

让我们欢歌笑语，载歌载舞，共同祝福我们的祖国更加繁荣富强，祝福我们丰台二幼的明天更加辉煌灿烂！祝愿各位老师国庆节、中秋节合家欢乐，生活愉快，幸福安康！预祝今天的庆典活动圆满成功！

园长的札记

2010，用爱和教育实现一切梦想

——新年贺词

工会的老师告诉我，2010年12月31日中午新年会餐，您要致新年贺词。我猛然抬头，发现2010年已赫然站立在我们的眼前，又是一年。2009年的岁月在我们与祖国坚实而有力的脚步中，在铿锵而奋发的豪迈中走过，一年又进入了尾声，是该说点什么，说给自己，说给最亲的二幼姐妹们，说给最敬爱的祖国母亲。

2009年注定了会有他的不平凡，九九归一，9在中国的数字中是最大而又不满的一个吉祥数字，冥冥中必然预示着某种新的开端与状态。这注定了他会在宇宙的时间与空间中发生某些让世界惊叹，而由此让世界重新排列与改变的可能。

回顾2009年，金融危机席卷全球，而中国发展的稳定与繁荣，民众的安定与祥和独占世界鳌头，令国际社会刮目相看；危机下的60年中华建国大典，如此的气势磅礴，恢宏浩大与成功，令世界瞠目结舌，赞叹不已；年末的哥本哈根气候大会，中国人用"不"字告诉世界，中国已傲然屹立在世界之林并影响着整个世界。2009年的中国在世界的分量，在全球的显耀，让我们作为一名中国人感到腰板的挺直和昂头的快意。祖国让我们骄傲。

　　2009年的丰台二幼，在沉稳与扎实中也走过了她20岁的生日。我们用自己的理念与核心价值即"用爱和教育实现一切梦想"告诉了人们，二幼教育的品质与高度；我们用自己的英语节、国学经典语言和行为方式告诉了社会，二幼教育的独特和与众不同；我们用自己的心灵温暖与美好情怀告诉了自己，二幼人无愧于祖国和人民。二幼人自信而自重，内敛而光芒闪耀。

　　二幼的孩子是幸福的，他们在爱与尊重中自然地成长，他们在有教无类的平等与温暖中长大，他们在群体意识与个性舒展的和谐中欢畅。

　　2009年实现了他的价值与功能，在渐进中圆满，在圆满中改变，在改变中升华。

　　2010年已至，这必将是个好年头。2010年的二幼将承载着更大的社会责任和使命；2010年的二幼有着更加瑰丽的蓝图去规划；2010年必定是二幼更加丰润而饱满的一年，我们定会有更大收获。

　　老师们，让我们齐心合力，让我们再创佳绩，让世界因中国而不同，让学前因二幼而不同，让二幼因你而不同，让孩子因我们而不同！

　　最后，祝福祖国在2010年更加繁荣昌盛，祝福二幼更加欣欣向荣，祝福我们的孩童更加健康、快乐、智慧成长！祝福大家健康、幸福、快乐！事事如意！

2010，让二幼因你而不同，让学前因二幼而不同

——争创示范园启动大会

亲爱的老师们：

今天恰逢是2008年的"5·12"汶川大地震的两周年，两年前汶川的这一天，发生了惊天动地的事件，是毁灭，是灾难，但两年后的汶川，是腾飞，是崛起，是又一个新天地的开创，一个旧汶川的倾倒，换来了新汶川的朝气蓬勃与欣欣向荣。

是天意还是巧合，今天我们在这里进行争创"北京市市级示范园"的誓师启动大会，这是二幼史上的又一件大事，是二幼人的又一个奋斗目标，是二幼人的又一个美丽愿景；二幼又要发起一次新的冲锋，二幼将要实现一次大的飞跃；二幼又要跨越一个新的台阶。

市级示范园是一个光荣称号，但同时更是一个高度，是一座高耸的山峰，是北京学前人的一个梦想；而二幼就是一个不断追梦的人。

从1989年建园到二幼今天的一园两址，从最初的2个班到今天的15个班、400多名幼儿、从建园时的简陋校舍到今天具有中国风和现代风格的校园环境；从默默无闻的普通园到形成我们自己独特的教育文化和课程的特色园，20年来二幼从没有

停下过脚步。二幼从不会停下脚步。

因为二幼人深深懂得夸父追日是我华夏民族的一种精神力量，追逐的太阳永远在前方，扑不灭的信念永远在心中，追赶就是一切，追赶自己心中的梦想，追赶自己心中的希望，追赶自身力量的底线，中华优秀的文化与传统已深深地根植于二幼人的血脉，那就是不屈不挠，永远向前。

虽然今天争创示范园工作刚刚启动，但二幼人的思想早已飞翔，我们的脚步早已在路上。从开学的3月以来，老师们连续地加班加点，连续地挑灯夜战，连续地学习培训，连续地探索钻研，连续地每天15—16小时的奋战，连续地带病依然上班，连续地孩子病了不请假，母亲住院不回家，自己的婚礼不休假，二幼人不知道苦吗？不！二幼人从不缺乏感觉；二幼人不知道累吗？不，二幼人有血有肉，但二幼人更懂得教师的责任与担当，更清楚一名士兵的执着与坚守。那就是为二幼的光荣而战。

二幼人在用自己的行动誓言，镌刻着二幼的又一辉煌；二幼人在用自己的力量，证明着二幼的坚强与伟岸。

市级示范园的画卷已经展开，描绘的彩笔已握在你我指尖，二幼更加瑰丽的蓝图在我们心中，让我们尽情挥洒，让我们豪情满怀，让我们齐心合力，让我们再创佳绩。

在这里，我重复在2010新年会上的那句话："2010年必定是二幼更加丰润而饱满的一年，我们定会有更大的收获，让二幼因你而不同，让学前因二幼而不同。让今天一个20岁的，更加成熟与美丽，智慧与活力的二幼，以她的卓越，以她的独特，以她的秀美，以她的内敛，开启她新的青春篇章，'市级示范园'必定属于我们二幼！"

2010，心手相连玉树，爱心传递希望

尊敬的家长、老师们，亲爱的孩子们：

2010年4月14日7点49分，青海发生了7.1级地震，玉树顷刻间房屋倒塌，瓦砾遍地，数千名我们的同胞失去了自己的亲人，数万名我们的兄弟姐妹、小朋友们失去了自己美丽的家园，大地的颤抖又一次挑战着我们，自然的力量又一次考验着我们。

然而，地震无情人有情，一方有难，八方支援；从地震发生的那一刻，我们党中央国务院，胡锦涛主席和温家宝总理第一时间做出指示，"全力支援，抗震救灾"，全国各地的人民纷纷捐款捐物献出自己的一分爱心，中华民族在灾害中又一次凝聚着爱的力量，华夏儿女在困境中又一次谱写着爱的篇章。

丰台二幼的孩子们和老师们一直关注着青海，情系着玉树。园里很多孩子和老师们一直在问："我们什么时候捐款，向哪里捐款？"当得知园所组织捐款献爱心活动时，我们的孩子们拿出自己的零花钱、压岁钱，尽自己微薄的力量，在爱的海洋中增添一滴甘露。我们的老师们慷慨解囊，表达着自己一份真诚而温暖的情怀。一衣一物皆心意，一元一分总关情。灾难可以撼动大地，但永远不能撼动中华民族血浓于水的深情，永远

不能撼动我们万众一心、坚忍不拔的拼搏精神。

有一位诗人这样写道:"地动不倒,山摇不晃,挺立是一种中国力量;泪不轻弹,志比金刚,坚强是一种中国力量。根脉相连,薪火兴旺,传递是一种中国力量;大义如天,多难兴邦,凝聚是一种中国力量。"无数次事实证明,中国力量坚不可摧,我们相信,青海、玉树在党中央和全中国人的支援与帮助下,在无数如我二幼孩子金子一般纯洁而美好的心愿与祝福中一定会重建自己更加美丽的家园,玉树必定会更加美好!

最后,感谢我们的孩子们,感谢我们的家长同志们,感谢我们的老师们!让爱在中国大地飞扬传播,让爱在丰台二幼的土地上欣欣向荣。

2013，我有一个梦想，一个关于二幼的梦想

2002年2月25日，我只身一人走进了丰台二幼的大门，成为二幼的一名教师，担当起二幼的一名园长，从此我便开始了一个关于二幼的梦想。这个梦想十年间一直陪伴着我，这个梦指引着我不断前行。梦中我痴迷着、执着着、不知回头，也不肯回头。追梦的道路上升腾着希望，充盈着欢乐，收获着一片片青禾，也饱尝着汗与泪、咸与涩的味道。

夸父追日，为了心中的目标，为了那永远也追不到的太阳，女娲补天为了填补已经残缺的那片天空，为了人类的生生不息与美好；而我在教育的沃土上，在二幼的田园里，只想为天下的孩子们建造一所充溢着艺术与幸福味道的幼儿园。

我愿二幼是一座艺术园，老师们、孩子们每天入园亦如走进艺术的工作室、走进艺术的画廊，直逼我们眼帘的是精美的艺术作品，穿透我们耳膜的是悦耳高雅的音乐；这里的美把每一位教师陶冶得更优雅、更大气、更沉静，把孩子们熏陶得更自由，更可爱，更聪慧，在艺术的环境下，我们学会了艺术地工作与生活，艺术地对待身边的事物，老师们每天在创作着自己一个个艺术的人生，并创造着一个个教育的艺术神话，艺术之美让我们内心喜悦，让我们享受生活，让我们非凡的美丽。

我愿二幼是一个快乐的工作场,在这儿,做一位教师是伟大而崇高的。我们心中总是爱潮涌动,灵魂深处总是激情燃烧。我们富足、体面、快乐、幸福,我们有价值和尊严地生活,并把这种快乐和幸福、价值和尊严,愉悦而巧妙地传递给每一个孩子。我们已经把孩子当成了自己生命的一部分,把教育当成了自己的呼吸,把园所当成了自己的精神场,须臾不可分离。

我愿二幼是一片美丽的花园。在这所充溢着生机、阳光味道的园子里,孩子们就是这园子中的一片片青草、一棵棵青苗,老师如那阳光,像那雨露,孩子们在清新、明媚的雨后撒欢儿地生长,自由、舒展、满足、快乐,孩子们做着自己喜欢的活动,感受着自己热爱的老师的呵护,孩子们的天性得到了自由地释放,潜力得到了自由地发展,思想得到了自由地飞翔。孩子们的行为是规范的、自律的,心灵是自由的、舒展的。

我愿二幼是一个文化园,一座图书馆,中华五千年的文化哺育着我们,世界的历史文化浸润着我们!每天我们徜徉穿梭在书籍的城墙之间,我们愿与那满墙的书籍时时对话,亦如在与一位位智者、一位位同伴、一位位挚友交谈,又仿佛一次次走进岳麓书院、走进文学馆堂、走进百家讲坛,去聆听一堂堂精彩的文化大师讲演;书籍开启我们的思维、启迪我们的智慧,阅读成为我们的生活方式,阅读是我们最好的休闲。我们彼此交流的是艺术、文化、教育、哲学、体育,只因为我们渴望思想,渴望让自己思想丰盈,渴望让自己更加智慧。我们每个人都学会更宽广地去看世界,更多元地去思考问题,更洒脱地去生活。

我愿二幼是一个温暖的家,我们和谐相处,闲谈中道出的是人心底的善与美,举止间追求的是真与智;我们默契配合,心领神会,但我们又彼此独立,在"和而不同"的理念下我们彼此尊重。

自由、幸福,是洋溢在二幼的气味与标志。在这儿,流淌着自由的泉水,弥漫着自由的空气,孩子们享受着自由呼吸的教育!幸福,就像花儿一样开放在洋溢着浓郁生活气息的土壤里,这些细碎的土壤饱含着民主平等、尊重关爱、童心童趣……我们从没有争吵、从没有恶语相讥,从没有欺骗与谎言,爱荡漾在二幼的每个角落,充盈在每个人的内心。

我甚至奢侈地再去想,二幼是陶渊明笔下的世外桃源,这里桃花盛开,这里芳草鲜美、落英缤纷,这里没有世间的喧嚣,这里没有人间的纷扰,这里的教师们怡然自得,在幼儿教育的沃土上每天播种、耕耘。我们所做的不关乎名誉、不关乎成败、不关乎高下,只关乎我们的内心快乐与平安,关乎儿童成长的自然与幸福。

马丁·路德·金的《我有一个梦想》,是建设一个种族共融的国家;甘地的梦想是印度的自由与独立;而我们的梦想很小、很小,只是梦想着在二幼的土地上建设一个小小的充溢着艺术与幸福味道的理想中的幼儿园!

梦想是目标,梦想是愿景,梦想是璀璨天空的繁星,但梦想更是脚下坚实的步伐,是内心坚定的力量,是追梦旅途中的执着与拼搏。周一组织大家收看的《心胜》,我想已经很好地让大家领会了何为梦想?梦想与追梦的真正内涵。

金一南将军的成长历程,最初只是一名车工,车床顶尖碰伤他的手,肉翻开流淌着血,鲜血染红半条裤子但仍然坚持在岗位上,最后从一名合格的车工到合格的无线电工、合格的图书馆员、教员、直到将军。他的一生为我们丈量了平凡与伟大的距离，现实与梦想的距离，也让我们懂得要相信梦想，相信明天，相信生命。

白岩松在2012伦敦奥运会上访谈奥组委关于"更高、更快、更强"这句激励一代又一代人的口号的含义时，奥组委的诠释是："体育是教人敢于去赢，同时教会人体面、有尊严地去输。"让我们清楚地知道：在梦想的道路上，输赢永远都在，但输赢都在自己，输与赢存在高贵与低下之分。张培萌的输，输得如此体面，如此富有尊严，世界为他喝彩，输等于赢。而国家的男篮队与中华台北男蓝队，起初17分领先，最后落后18分输了，输在能力吗？输在水平吗？不！输在心衰了！它告诉我们，梦想的输与赢更在追寻的道路上。梦想只有在强大内在精神的支撑下才得以实现。

而朝鲜上甘岭战役，那是中国军队顽强拼搏、誓死抗击精神的写照。杨根思连长，1071高地，一个排抗击美军8次进攻，最后全部阵亡，而"军旗在阵地在，与军旗共存亡"镌刻下一名军人的英勇不屈信念和荣耀。抗美援朝那是无数军人保家卫国的国家梦，那是无数军人为了人民幸福解放的和平梦。为了这个梦他们敢于牺牲！敢于胜利！

二幼的教师们，我们的工作比一名车工更平凡吗？我们比一名战士更神圣吗？比一名运动员更光荣或卑微吗？不，梦想不关乎职业，不关乎时代。

当每天我看到荡漾在你们脸上那浅浅的、温暖的微笑，看到你们为孩子梳理的头发如一朵朵盛开的鲜花，看到你们洗刷的水杯洁净而发光，看到你们为梦乡中的孩子盖上那美丽的花被子，看到你们与孩子们快乐游戏在操场的身影，听到你们对孩子上百千次的亲昵的呼唤，看到你们在键盘上敲击发给家长的校讯通，我知道那都是你们梦想的脚步，那都是你们梦想的表达。我相信沿着梦想的路途，我们中间定会有人会像尼尔一样绘出夏山，像小林宗作一样画出巴学园，像海伦一样涂抹出道尔顿学校。

老师们，你、我有梦，二幼有梦，教育有梦，中国有梦，让我们在梦想的蓝图上尽情地勾勒，让我们在追梦的道路上携手并肩，让我们把自己、把二幼、把教育、把中国的梦，通过我们的不懈努力去创造，去实现！让美梦成真！

2014,回顾二幼历史,弘扬二幼精神

各位老师:

在第30个教师节的时日里,在丰台二幼走过26年的岁月中,我园开展了以"回顾二幼历史,弘扬二幼精神"为主题的活动,活动旨在让二幼人了解和铭记二幼发展历程,传承和弘扬二幼精神,开创和谱写二幼未来。

活动中,我们请回退休的老教师,他们讲述二幼从两间单元楼,一张大通铺起家建园,到众志成城争创北京市一级一类的过程;我们请在职的教师讲述了丰台二幼在实现第二次创业,从一园两址到成为丰台区示范园的历程。今天我们请出6位不同岗位,不同年龄的教师讲述他们在2010年争创北京市示范园的奋斗岁月和故事。

坐在下面聆听着他们的讲述,看着那一张张的照片,那2010年岁月的一幕一幕在我脑海中仿佛昨天一般真实而鲜明。多少教师的身影在我眼前清晰而生动地呈现,我的眼眶一次次被打湿,我的心情难以平复,因为那是我与大家共同走过的难忘的历程。

我记得李霞那楼道中匆匆快行的脚步,记得许蓓那悠扬琴声中三只羊的歌声,记得陈文娟身怀六甲的身影慢慢消失在夜

园长的札记

幕中，记得杨万红由于颈椎痛紧锁眉头，记得张俣班"变变变"的环境创设，记得那已经晚上十一二点依然通明的活动室的灯光，记得站在园所外面等候你们回家的家人们，记得在验收反馈时老师们激动的泪水与歌声，记得示范园验收当天晚上我们一个都不走，大家在音体室的畅谈与庆祝。

那曾经的苦与累，化成了今天的甘与甜；曾经的鏖战与付出，变成了今天的光荣与骄傲；曾经的压力与紧张，转化为今天的才能与本领。曾经稚嫩的小老师左晶伟、张安心、王哲亚如今已成长为园所的骨干与中坚力量。

丰台二幼26年的历史，就是一部奋斗的历史，是一部在艰难中拼搏的历史；是一部充满着挑战与机遇的历史；是一部不断开拓，创造一个个新篇章的历史。二幼人把握着每一次机遇，接受着每一个挑战。26年，我们实现了园所发展，教师成长，孩子幸福，由一所普通园到市级示范园，我们实现着一次又一次的腾飞与蜕变。

26年的历史也向我们证明了，二幼是一个特别能吃苦、特别能战斗、特别能奉献的优秀团队，正是几代二幼人，让二幼有了今天的模样，有了今天的灿烂与荣耀。这里凝结着所有新老二幼人的心血与汗水，包含着所有二幼人的光荣与梦想。

二幼人创造了二幼的历史与传奇，二幼人更铸就了二幼的精神与信仰。

那就是"精诚团结；无私奉献；敢于拼搏；追求卓越"。

这些故事，这些事件，这些历史是二幼人精神的书写与彰显，是我们二幼最珍贵的精神财富，它们是无价之宝。

今天我们回顾二幼历史，是为了让我们不忘二幼所经历的艰难；不忘前辈所付出的努力；更为了弘扬和光大二幼的精神，去把握今天，去开创未来。

作为新一代的二幼人，我们思考，我们追问，我们该为二幼创造些什么？我们该给二幼历史上留下什么？我认为最重要的是，不断增强二幼人的使命感和责任感，让二幼的历史在我们手中续写下更加灿烂的篇章。二幼前进的步伐不可以在我们这里停滞或倒退，学前教育的优秀行列中，永远镌刻着丰台第二幼儿园金色的名字。在社会家长的口中永远传扬着二幼人"爱的故事"。这是我们全体二幼教师的使命与责任。

1. 不断增强我们的凝聚力和荣誉感

园荣我荣，园耻我耻，让二幼因你而精彩，让你因二幼而光荣。在二幼的光荣册上请写下你的名字。让我们宝贵的生命之花在这里光荣绽放。

2. 让二幼精神在我们手中传承与发扬

精诚团结；无私奉献；自强不自，精进不已；追求卓越是我们已有的精神力量。同时，随着时代的发展，社会的进步，知识的更迭，我们还要树立新时代的精神，那就是勇于变革的创新精神、善于学习的文化精神、肯于钻研的钉子精神、探究求是的科学精神。二幼的教育，未来将更加多元与丰富，而二幼教育的多元丰富，一定是二幼教师个性与能力、知识水平的丰富与彰显。请让我们秉持并弘扬这些精神，去开创二幼更加美好的未来。

3. 打造丰台幼儿园航母，谱写二幼新辉煌

2015年的二幼将开启我们新的历程，翻开二幼新的一页，机遇与挑战并存，让我们做好准备，乘风破浪，直挂云帆。

老师们，感谢你们对二幼、对学前教育的热爱，感谢你们对园所发展的努力与贡献，感谢你们在教育的征程上奔跑与创造，光荣属于你们。老师们，让我们与时代一起同行，鲜花在前面，我们的脚步永远在路上。

第五章 在回顾与展望中超越梦想

2015，扬帆起航，超越梦想

——办园实践研讨会启动会讲稿

老师们：

今年是一个暖冬，暖暖的阳光和迟来的春节让我们过了一个缓缓的、惬意的假期，于是，开学的脚步便急匆匆走来。春的脚步，春的细雨，春的微风，把我们从冬的萧瑟与贮藏中唤醒。我们抬头又是一个充满生机与希望的春天，一个从起点走向未来的开端，一个从黎明走向光辉灿烂的时刻。

今天我们在这里召开"丰台二幼办园实践研讨会启动大会"，不经意间查看了一下日历，今天刚刚好是阳历3月16日，阴历是二月二十六日，一个中国人最喜欢的一个日子，解读一下该是：316、226六六大顺吧；一个多么好的兆头，一个祥瑞的日子，这表明和预示着丰台二幼在2015新的一年里扬帆起航，办学实践研讨会一定会一帆风顺。让我们张开怀抱，睁开明亮的双眼来迎接每一个带着美好与希望的清晨，迎接不断变化而丰富的崭新的每一天。

今天我的动员报告中讲四个问题：

一、对二幼具有划时代意义的2015—2016

2015年对于丰台二幼来说必将是在二幼历史上浓墨重彩的

一笔。因为二幼在历史的进程中正恰逢一个关键的时期，恰逢一个至关重要的事件，二幼面临在一个新的航线上又一次新的起航、新的跨越。为什么这样讲，有三点原因。

首先，是丰台二幼集团化办园写进了2014年丰台区的政府工作报告。在政协会上很多人问我，二幼集团化是什么概念？我说，就是优质教育资源在社会扩大的一种办园方式。教委、政府把我们二幼列入优质教育资源的行列里，这是对二幼教育最大的肯定与鼓励。

再有，就是承接丽泽商务区幼儿园，这是教委和社会对二幼的信任。因为第一，它是丰台丽泽地理位置与人文结构所规定的格局，高端商务区、高端人群居住地，必然与之配套的就该是最高端、最优质的教育。只有高端的教育与文化，这个地区才配称为高端，教育资源的优劣才是一个地区高不高端，一个刚性的硬指标。当教委决定把18个班的园所让二幼去做的时候，就是对二幼教育的无比认同与信任。

第三，丰台二幼办学实践研讨会列入教委和政府2015年的工作计划。办园实践研讨会，是丰台政府及教委在"十二五"期间打造丰台教育强区，助推学校发展的一大战略举措。目的是通过办园实践研讨会的举办，加速园所对自身文化和教育思想的梳理，推动园所教师队伍成长，扩大园所学校在行业领域的影响力，进一步提升办园质量与品质，办人民满意的教育。

此三件事，在二幼的历史上毫不夸张地说，是造就二幼新历史、新纪元的大事。2015—2016年，可以堪称是二幼非凡的年代，非凡的时期。2015—2016年，将永远载入二幼的历史史册。

二、办园实践研讨会对二幼的意义与价值

1. 办园实践研讨会的由来——自助者天助

所有以上这一切,预示着历史赋予我们二幼更大的使命,二幼必定要承载更大的责任,同时证明着:今天二幼所必须要承载的这一切,正是我们二幼人28年奋斗的必然结果。积土成山,风雨兴焉,积水成渊,蛟龙生焉,积善成德,而神明自得。我们二幼积蓄了我们的能量,铸就了二幼的品牌,二幼以自身的品质在丰台的教育上熠熠生辉,在老百姓的口中啧啧称颂,在一张张孩子们发展的评价单上捷报频传。

多年来我们帮助了自己,二幼人给自己的教育不断注入新的生命品质、教育品质,我们的老师们在孩子与家长身上付出了真情与心血,我们脚踏实地地在认认真真地办教育,我们的良心与责任让我们对得起孩子与社会。因此,上级、社会也愿意成就二幼,帮助我们,发展我们。我想,这就是自助者天助的力量所在。

2. 办园实践研讨会对二幼发展——千载难逢、恰逢其时

集团化办园、丽泽园承接、办园实践研讨会,这三件事相互推进,相互作用,对二幼来讲是天时、地利、人和的一次完美结合。

集团化办园是"天时"。丰台教育正在探索集团化办学与教育集群,促进教育均衡发展。如今,区域内名校教育集团已建成11个。未来4年,丰台区将再建成10个教育集团。2015年内全区将建成12个教育集群、5个教育集团。到2018年将建成21个名校教育集团;全区共建立16个各具特色的教育集群,力争使丰台区的每所学校都优秀,每个学生都精彩,实现教育

平等与均衡。

办园实践研讨会就是"人和"。它是一所园整体的展现，从环境到管理、从教育到文化、从儿童到教师、从理念到实践，但，归根结底是一所园人的精神气质、队伍素质水平、团队风采的展现，说到底，就是"人"的展示，是"人和"的体现。因为正如毛泽东所讲："人是决定一切事物的根本要素。"

因此，办园实践研讨会是这三件事中的枢纽，是决定二幼未来与高度的里程碑式的一次大会。办学实践研讨会的成功，将如飞速旋转起来的涡轮一般，产生不可估量的能量，对于我们承接丽泽园、推进二幼集团化办园，起到巨大的、深远的影响。机不可失，时不我待！

3. 办园实践研讨会的影响力

办园实践研讨会，是展示二幼28年办园实践历程的一次会议。会议虽短，仅有半天时间，但它浓缩，浓缩着精华、浓缩着日常的教育品质、浓缩着教师的教育智慧、浓缩着几代人对二幼的情怀。半天时间让同行们领略到不一样的精彩，是一件向园长、干部、二幼人要真功夫的事情,就如杂技演员台上3分钟，台下十年功，这功夫是技能的、智慧的、文化底蕴的全面展现。我们看出彩中国人，钢管舞的力量与优美、一根竹竿上的羽毛的平衡都是技巧与艺术、是时间与耐力、是修养与做人的完美的统一。

办园实践研讨会规格高，影响力大而广，是由区政府、区教委为主办方，邀请全市，乃至全国的教育行家的一次会议。行家一出手，就知有没有。我们二幼人要有自信，也有实力，办好研讨会，我们大声地喊出一句："不开则已，开必精彩！"

我们也必须看到，我们二幼有自身发展的优势，但也存在我们发展中的瓶颈与不足。我们创新的动力还不足，面对一个积极地发展的世界，我们有反映不到位的问题。我们人员结构不尽合理、班子活力还不够强；我们二幼教师队伍的知识结构水平与一些园所有较大差距，我们虽然努力，但我们学历知识、理论认识水平偏低，如果我们开着586，那是怎么也追不上win8的运行速度，我们就算累吐了，拖拉机也跑不过宝马。今年春节全国人民抢红包，2G与4G在抢红包时都抢不过别人，只有看着别人吃肉的份儿。

所以我们更需要加倍地努力，我们不能自满，我们做到知己知彼，在办学实践研讨会的契机下，我们把办园实践研讨会作为完善自我的一次机遇，一次超越自我的挑战，一次鱼跃龙门向更高目标追求的机会，我们要在园所的文化建设、课程建设、教师队伍、特色建设等多方面进一步完善，趁着强劲的东风，清风好借力，送我二幼上青天。

三、二幼人更高的使命与责任

回顾二幼历史，1998年我们争创了一级一类幼儿园、6年后的2004年争创了丰台区示范园、再一个6年后的2010年我们成为市级示范园、又一个6年之后的2016年丰台二幼将再一次搏击、再一次雄起、再一次挥笔豪情书写二幼历史上新的篇章。每6年我们一个飞跃，每6年我们一次巨变，我们不断在积蓄，在奔跑。

我们积蓄，我们奔跑，不断向前是为了什么？仅仅为了示范园的名号，为了金光闪闪的金字招牌，为了好听的社会声誉吗？我想我们当然为了这些，因为这些在证明着我们，这些让我们工作的过程更加富有意义。但是，同时我想除了名号之外，我们更该认识和看到的是，在这样一次一次的奋斗中、拼搏中作为二幼人我们给二幼留下了什么最有价值的东西？我们该给二幼未来交上怎样的一份可持续发展报告？这个问题，我在去年9月底的演讲会上就问过，就讲过，今天我依然讲。我们着力三个方面：

1. 二幼精神的传承与发扬

我们LOGO"鱼跃龙门"的自强不息，精进不已，就是我们二幼人精神的写照。当然对于这样的精神，我们在不同的时代有不同的诠释与解读。在今天，我们的研究意识、创新意识、信息化教育的意识、让儿童个性发展的意识、护持儿童，乐享幸福，就是自强不息，精进不已的解读与体现。二幼人要与时俱进地发展，要随时代的进步，要永远站立在时代发展的最前沿，为每一个孩子的成长负责。让儿童今天快乐，未来幸福！

2. 不断发展与完善二幼文化

关于文化的价值，我今天不再讲了，讲一讲二幼文化的发展对二幼发展的促进。对于二幼文化这个问题，我们一直在思考，一直在用文化引领园所的发展。2002年以前，我们园所的文化是"团结、奋进、求实、创新"；2003年，我们提出"高质量的教育，高标准的服务，高品质的人生"的园所文化；我们打造二幼品牌，塑造二幼形象；2007年，我们在学习型组织中进一步推进了园所文化的建设，完善了二幼的核心价值观，"用爱和教育实现一切梦想"，并建立了8S的价值观体系。我们设计并确定了二幼的LOGO，那是在我们全体二幼人的参与讨论中，丰富了其内涵。在以后，2009年许蓓老师创编了我们的园歌、教师和儿童之歌。在 2010 年的示范园验收中，我们取得优异的成绩。当我们的老师唱响《我的二幼我的家》，所有的评委老师感动得满眼泪花。二幼的文化渗透在二幼人的行为里、思想中，二幼文化引导着我们的价值观与前进的步伐。

今天随着时代的发展，教育观念的变革，我们又进一步地在完善和推进园所的文化，我们想用更加凝练、更加深刻、更富有思想、更加到位的文化体系去表达二幼对教育的理解与追求。为此，我们又陷入深深地思考中，我们很多次的定义，又很多次的修改，我们一直想找到二幼的文化，找到更加体现符合儿童自身成长规律，符合教师发展的，让教师、儿童幸福的那个文化。但用一两个字，是很难概括的，我们就一直在找支持我们这样做，并做成这样的那个灵魂，其实这个过程本身就是我们做事的精神与态度。在经历了反复的思考与痛苦后，如同蝴蝶破茧而出，我们终于找到我们认同而符合我们二幼教育思想的"至乐"文化表达。

生命的意义到底是什么？人到底该怎样活着？学前教育的根本是什么？"至乐"正是在人类永恒的生命范畴内揭示一种最幸福的人生价值，指引每一个人获得真正自由、快乐的一生。

"至乐"是中国教育的最高境界，一个人无论做任何事情达到乐的境界，也就达到至高的层次；快乐地生活，快乐地工作，每个人依照自己的内在节律起舞，做最好的自己，让"至乐"在创造中实现，让享受在创造的过程中发生，是我们的终极目标。我们的教育就是要培养儿童、教师追求"至乐"的状态，创造享受美好的生活。

3. 至乐教育对"至乐"的理解

"至",是到达,追求的意思。丰台二幼至乐教育的"至"有三层含义:在追求快乐的过程中要学会发现、自主发展、主动创造。发现——发现自己、发现世界、发现自己与世界的关系。发展——发展自己的能力、发展自己的内在精神世界。创造——创造自我和世界。

丰台二幼至乐教育的"乐"有三层含义:快乐的情感、热爱的态度、自我实现的能力。

"乐",是创造的开端,没有乐在其中,就不可能有创造与创新,就不可能去追求卓越。因为唯有乐、有兴趣所在人才会激发出无限潜能;同时,乐,是享受。我们对一件事物的热爱,并以此为乐时,我们就沉浸在幸福与享受中,不觉其难、不觉其乏味。比如,王哲亚、张安心喜欢信息技术,乐在其中并享受其过程。比如,儿童喜欢地铁、喜欢搭建,乐在其中,享受游戏与生活的奥妙与变幻。乐也符合于2014年"塑造未来教育"联合国人的可持续发展教育的理念。因为有乐在,儿童喜欢探究、因为乐敢于冒险、因为乐而不惧困难、因为乐不觉其苦,由于热爱某一技能、某一科目、某一领域,进而成为大家、成为科学家的例子不胜枚举。我们看中国好歌曲,就看到有多少人,因为自己的热爱而执着、而坚持。

快乐的情感让发现更有色彩,热爱的态度让发展更有动力,自我实现的能力让创造更有价值。

我相信至乐教育思想的践行与实现,会进一步推进二幼在办高质量、高品质教育、在促进儿童成长、教师发展中具有不可估量的价值与意义。这就是我们今天二幼人应当给二幼留下的宝贵的实践经验与园所文化。

四、做最好的教育——为儿童积极的人生奠基

1. 至乐教育的核心价值观——为积极的人生奠基

教育创造人类的未来，教育是人持续发展的前提，教育与人生同步且与人生同归。至乐教育着眼于两个维度：人性尺度和人生尺度。人性尺度：让每一个人的天性和与生俱来的能力得到健康生长。人生尺度：使儿童现在的生活快乐而有意义，并为幸福的一生奠定良好的基础，这也是我们二幼"至乐"文化的精髓所在。因为，童年留在人生这棵大树最核心处的年轮里，它始终在为人生提供滋养。童年是成年的发源地，儿童是自己成人生命的创造者。今天，我们干了半天，我们大家如此的努力，我们教育、我们研究、我们反思，到底为了什么？我们不仅仅是为了挣工资、为了职称；我们更有对教育的情怀与理想，对儿童发展的责任与使命。

2. 丰台二幼的办园理念

让儿童依照自己的内在节律起舞。教育是成长的辅助，教育的节奏应与儿童生命的节奏保持一致，教育就是要"顺木之天，以致其性"，教育要尊重儿童的自然天性，让真正的教育在儿童真正需要的时候发生。我们跟随着孩子的脚步，用心倾听着孩子的声音，让爱和教育如春风一样在儿童左右。当儿童有需要的时候，我们教师能够随时站起来展示成人的强大力量和多彩而厚重的世界，把世界与美好带给儿童，让儿童自由而欢畅地幸福成长。

因此，至乐教育积极探寻着"学"与"生"的秘密，探寻着每个孩子自己成长的"道"的路径，探寻在儿童成长"拔节"

时教育应给予的那股力量,也品味着活动创造带给儿童"至乐"的妙境,享受着自己创造教育的欢愉与满足。至乐教育让每一个人都在"至乐"的路上。

3. 传承与发扬二幼精神

不断发展与完善二幼文化,做最好的教育——为儿童积极的人生奠基,为孩子的可持续发展,我想这就是我们今天二幼人要承担的责任与使命。

亲爱的老师们,让二幼的这段历史,让 2015 年,在我们离开的时候,在我们坐在投满和煦阳光的窗棂摇椅上的时候,在我们老去而充满回忆的时候,让我们每每想起依然清晰、依然自豪、依然感动,我觉得那就是值得的。

谢谢大家!

后记
我愿如初雪

恰逢初雪,有感而发,学作拙诗三首作为后记。

一

这片大地沁染了你的发

同时,也白了我的发

滚滚尘世中,沓沓晨暮里

心中却漾起满满暖意

于是

论及此间淡泊无欲

圆满的从容湿透心襟

我想

全新独页的覆盖

总能化作你拔节疯长的富饶

所以

冬的薄暮中我不孤单，

因为有雪的纯真和静谧

所有珍重的意象都将与我做伴

二

北风吹落了一地的秋

初雪

使路边的杨树一夜白了头

冬的暖藏

富饶春的生长

于是

我企盼着下一季

花开满径

三

教之路,育之径,令我忘返

花千姿,泉清甜,令我陶醉

心中,温暖的幸福,溢满双眼

不知不觉中

我便成了你的模样……

游向红

2015年11月于北京